보내고
싶지 않아
질문
합니다

보내고
싶지 않아
질문
합니다

이윤경 지음

팀원을
머물게 하는
팀장의
5가지 질문

plan b
DESIGN

CONTENTS

006 **들어가며** _ 대퇴사의 시대, 당신은 '드릴 말씀 공포증'에서 안전한가?

CHAPTER 1 ─────────────────────── ✦

정말 열심히 하는데 왜 팀원이 나갈까?

018 "오늘이 우리 팀원 마지막 출근일이거든요"
022 "그건 팀장님만의 정답인 것 같아요"
029 질문하는 리더는 팀원을 머물게 한다
037 "우리, 팀원을 다 안다고 생각하지 맙시다"
044 팀장이 던져야 할 5가지 질문
050 좋은 질문의 새싹이 될 10가지 조건

CHAPTER 2 ─────────────────────── ✦

당신은 어떤 팀원으로 기억되고 싶은가?

072 **팀장의 질문** "마지막날, 어떤 동료로 기억되고 싶은가요?"
076 마지막을 생각하면 지금 해야 할 일이 보인다
081 회사의 주인은 못되어도 내 시간의 주인일 수 있게끔
086 **심화 실습** 진짜 질문을 던졌다면 진짜 답변을 얻어내자

CHAPTER 3 ─────────────────────── ✦

당신의 강점은 무엇인가?

090 **팀장의 질문** "언제 시간가는 줄 모르고 빠져들게 되던가요?"
100 "당신은 팀의 목표까지 어떻게 달려보고 싶은가요?"
103 팀장 눈엔 '나처럼 일해야' 일잘러다
111 원팀의 반전, 다 달라야 팀이 잘 된다
116 **심화 실습** 막막할 땐 8가지 강점 분류 참고하기

CHAPTER 4 ✦

당신을 동기부여하는 것은 무엇인가?

122 **팀장의 질문** "어떤 상황에서 일할 맛을 느끼나요?"

127 나의 영광이 그에겐 '숙제'일 수 있다.

133 사소한 엔진이 억대 연봉보다 힘이 세다

138 파타고니아 창립자는 왜 회사를 통째로 지구에 환원했을까?

140 **심화 실습** 막막할 땐 7가지 엔진 분류 참고하기

CHAPTER 5 ✦

당신의 아킬레스건은 무엇인가?

146 **팀장의 질문** "유난히 신경쓰이는 상황이 있나요?"

149 바보야, 문제는 아킬레스건이야

152 너무 예민한 게 아니라 너무 중요해서

160 팀장부터 자기소개하듯, 둘러앉아 함께

164 **심화 실습** 잘못된 표현 찾아보기

CHAPTER 6 ✦

팀장의 조력 포인트는 무엇인가?

170 **팀장의 질문** "팀장으로서 무엇을 도울 수 있을까요?"

181 '도와줄 거 있으면 말해'는 힘이 없다

185 평가자가 아닌 조력자가 되겠다는 의미

188 리더가 취약할 때 팀원도 손을 내민다

191 **심화 실습** 팀원의 단점에서 조력 포인트 찾아보기

CHAPTER 7 ✦

팀장이 질문할수록 팀은 안전해진다

198 팀장으로서 당신은 어떤 브랜드인가?

202 물으면 알게 되고 알게 되면 좋아진다

204 '사람이 목적이고 이익은 수단'이라는 꽤 괜찮은 꿈

207 **나오며 _ 팀장인 우리도 나답게 일하고 싶다**

대퇴사의 시대,
당신은 '드릴 말씀 공포증'에서 안전한가?

출근 전 메이크업을 하며 습관적으로 유튜브 영상을 튼다. 열에 아홉은 백색소음 정도로 쓰지만 아주 드물게 뇌리에 꽂히는 내용이 있을 때면 화장하던 손이 절로 멈추고 시선은 영상에 고정된다. 지난달에 본 자기계발 영상이 그랬다. 강사가 대뜸 이런 질문을 던졌다.

"저는 사람을 보면 대충 그 사람이 어느 정도까지 성공할지가 보여요. 거기에는 정확한 기준이 있는데 바로 숫자로 표현할 수 있다는 겁니다. 맞춰보시겠어요?"

댓글이 쏟아졌다. 가장 많은 댓글은 '기상 시간'이었다. 일찍 일어나면 하루를 알차게 채울 테니 성공할 확률이 높아진다는 논리였다. 일리가 있었지만 강사는 고개를 저으며 힌트를 추가했다.

"기상시간은 아니에요. 이 숫자는 사람과 관련이 있습니다." 이후 카톡 친구 수부터 이번 달 받은 명함의 수까지 다양한 댓글이 달렸다. 강사는 그럴 줄 알았다는 표정으로 연신 고개를 절레절레 졌더니 씨익 웃으며 본인의 답을 내놓았다.

"정답은 그 사람이 잘되기를 진심으로 바라는 사람의 수입니다. 주변에 그런 사람이 많을수록 성공합니다. 이건 거의 틀림없어요."

나는 순간 한 사람이 떠올랐다. 나와 함께 일한 리더 중 한 명이었다. 욕 안 먹는 팀장이 있을 리 없건만 그는 달랐다. 많은 이들이 진심으로 그의 성공을 바랐다. 나 역시 그들 중 한 명이었다. 내가 도울 수 있는 게 있다면 기꺼이 나섰다. 그저 일로 만난 사이였을 뿐인데 대체 왜 그랬을까? 풀리지 않는 궁금증은 그날 저녁 동료들과의 술자리에서도 이어졌다.

"우리 회사 사람들이 K 팀장님 잘되는 거 진심으로 바라잖아."
"그렇지."
"생각해 보면 회사 상사가 잘되길 바라는 사람 별로 없지 않아? 저 인간 왜 저러나 뒷담화나 안 하면 다행이지. 근데 K 팀장님한테는 왜 그런 마음이 드는 걸까?"

동료 한 명이 별 당연한 걸 묻는다는 듯 심드렁하게 답했다.

"K 팀장님이 먼저 그래왔잖아. 늘 자기 팀원들이나 주변 사람들 잘되는 거 바라고 위해주고. 그러니까 자연스럽게 우리도 그렇게 되지."

그렇다. 많은 이들이 K 팀장의 성공을 바라게 된 건 그가 먼저 팀원들의 성장을 위해 힘을 기울여서였다. 술기운에 불콰해진 나는 궁금한 게 많았다. 마치 '대체 성공한 인생은 뭘까?'를 논하던 사춘기 시절로 돌아간 것마냥 질문이 꼬리를 물었다.

"근데 말이야. '위한다'는 게 대체 뭐야?"

"야, 이윤경 취했다. 너무 심취하셨는데?"

술 기운을 빌려 이야기하긴 했지만, 당시 나는 '진심으로 대체 위한다는 것은 어떤 의미일까?' 궁금해졌다. 엄연히 국어사전에서는 '물건이나 사람을 소중하게 여기다'라고 정의하고 있었지만 좀 더 이 상황에 맞는 정의를 내려보고 싶었다. 한나절쯤 고민했을까. 나는 '위하다'의 정의를 이렇게 내렸다.

'대상을 소중하게 여긴 나머지 다른 중요한 것을 기꺼이 포기하다'

실제 K 팀장이 그랬다. 그가 포기한 건 '시간'이었다. 당시 참 답답했던 건 그의 팀원들은 K 팀장이 한가한 줄 알고 있었다. 그도 그럴 것이 그는 팀원들에게 '바쁘니까 다음에'라는 말을 좀처럼 하지 않았다. 팀원이 찾아오면 즉시 노트북을 덮고 의자를 돌려 아이 컨택을 했다. '시간이 있는지' 물으면 늘 "그럼요."라고 답했다. 팀원과의 약속이 있다면 좀처럼 다른 일정을 잡지 않았다. 그는 회사에서 가장 많은 일을 하는 사람 중 하나였지만 팀원들의 요청을 거부한 적이 없었다.

솔직히 말해 본다. 나는 그런 K 팀장이 답답했다. 분명 자리에서 5분 안에 끝날 간단한 답이었음에도 그는 자주 팀원들과 커피를 마셨고 밥을 먹으며 1시간 이상을 소비했다. 내 눈엔 모든 것이 시간 낭비 같아 보였다. 인정한다. 나는 그만큼 시간에 인색한 팀장이었다. 내 캘린더는 늘 테트리스 게임판마냥 얇고 두꺼운 막대로 꽉 차 있었다. 15분 단위로 미팅을 잡았고, 팀원들은 회전문 돌듯 바통 터치하며 바삐 자리를 비워줘야 했다. 점심 시간도 한 손은 독수리타법으로 메일을 보내기에 바빴고, 나머지 한 손으로 겨우 김밥 한 줄을 입안에 쑤셔 넣었다. 이러니 팀원들 얼굴이 어떤지 얼굴 한 번 제대로 본 날이 없었지만, 퇴근 시간 무렵이면 모든 일정을 완벽하게 해치웠다는 성취감과 하루를 알차게 썼다는 뿌듯함에 가볍게 털고 일어날 수 있었다.

지나고 보니 나는 신입 시절부터 손이 빠르다는 말을 참 많이 들었다. 아마도 이는 시간을 빡빡하게 채워 쓴 게 비결이었을 테다.

성과도 나쁘지 않았으니 나름 좋은 방법이었다. 팀장님과 동료들도 그런 나를 든든하게 여겼다. 그런 확신이 있었으니 팀장이 된 후에도 굳이 그 방식을 바꿀 이유가 없었다. 하지만 얼마 지나지 않아 팀원들의 표정에서 미묘한 불만이 느껴졌다. 그 불만은 어느 날 익명의 피드백 폭탄으로 날아 들어왔다.

"저는 팀장님이랑 일하면 숨이 막힙니다."

충격적인 댓글은 하나로 끝나지 않았다. '정 없이 결과만 던진다', '모든 것이 이미 정해져 있어서 팀원들이 쉽게 끼어들 틈이 없다', '누군가에겐 효율적인 명확함일지 모르지만 자신에겐 섣부른 단정처럼 느껴진다' 등등 폐부를 찌를 듯이 날카로운 문장들이 빠르게 날아들었다.

억울했다. 나는 팀원들이 갈팡질팡하는 것을 원치 않았다. 제대로 된 가이드 하나 없었던 주니어 시절의 막막함을 물려주고 싶지 않았다. 시간 낭비 없이 알차게 쓰면 쓸데없는 야근도 피할 수 있을 것이라 여겼고, 실제로 그해 우리 팀원들은 가뭄에 콩 나듯 야근을 했다. 하지만 모든 팀원의 업무 원칙에 효율이 일 순위는 아니었다. 되려 내가 애써 만든 '효율'을 '숨이 막히는 불통'으로 받아들였다. 팀장의 마음을 몰라주는 팀원이 야속했다. 다른 한편으론 자신감이 무너졌다. 지금까지 잘 해왔다고 생각했는데 갑자기 예상치 못한 벽을 만났고, 앞으로 무엇을 어떻게 더 노력해야 하는지 좀처럼 방향을 잡지 못했다.

더없이 막막하고 허무했던 그 순간 떠오른 건 K 팀장이었다. 오래전부터 나는 고민이 있을 때마다 그를 찾아갔다. 마주 앉은 그의 첫마디는 늘 같았다. "잘 지내냐?" 나의 안녕이 무척이나 궁금하다는 눈빛으로 그는 계속 물었다. '요즘 어떤지, 어떤 걱정이 있는지, 무엇이 내게 중요한지, 도와줄 것이 무엇인지'. 나는 그때마다 기다렸다는 듯 속풀이를 했다. 그는 딱히 내 말에 코멘트를 달지도, 조언을 건네지도 않았다. 해결책 비스름한 것을 들은 기억도 드물다. 그럼에도 나는 많은 경우 그 침묵 속에서도 답을 찾을 수 있었다.

신기했다. 아무런 조언조차 하지 않은 K 팀장 앞에서 나는 어떻게 찾아 헤매던 답을 얻을 수 있었을까.

해결책은 '질문'이었다. 그가 던진 구석구석의 질문에 답을 하다 보니 앞으로 내가 무엇을 해야 할지가 보였던 것이다. 그 전까지 안개 속에 묻혀 있던 풍경들이 신기하게도 모습을 드러냈다.

한 번은 동료와의 갈등을 터놓았을 때 팀장이 물었다.

"그런데 그 사람은 왜 그런 마음을 갖게 됐을까?"

"모르겠어요. 그냥 저랑은 성격이 안 맞는 것 같아요."

"그 이유를 물어본 적 있어? 분명 이유가 있을 것 같은데."

"이유요? … 그렇네요."

갈등으로 오만 데서 불편한 기색은 다 내고 다녔으면서 정작 그 이유를 알기 위해 시간을 쓴 적은 없었다. 그래서 계속 머릿속에서 소설을 썼다. 내가 해야 할 것은 '진짜 이유를 묻는 것'부터였다.

프로젝트의 실패가 너무 괴로웠을 때도 K 팀장을 찾았다. 그가 물었다.

"그것을 왜 실패라고 생각해?"

"익명 게시판에 이 프로젝트에 대한 불만이 제기되었거든요."

"FGI도 하고 리뷰도 받는 것 같던데 그 프로젝트가 좋았다는 사람들은 없었어?"

"음… 물론 있었죠."

실제로 좋았다는 리뷰는 차고 넘쳤다. 열에 아홉은 만족했다. 하지만 나는 그 아홉 개의 칭찬은 제쳐두고 부정적인 의견 하나에 몰입하고 있었다. 내가 객관적으로 보지 못하고 있었다는 것을 깨닫고 생각에 잠겨 있는데 그가 다시 물었다.

"한 가지 프로그램으로 모두를 만족시킬 순 없을 것 같은데? 부정적으로 받아들인 이들이 필요로 하는 프로그램은 없을까?"

그렇다. 실제로 우리 팀에선 그걸 준비하고 있었다. 나는 쓸데

없는 걱정에 시간을 낭비하고 있었다. 그의 질문이 그걸 깨닫게 했다. 그 순간들을 주마등처럼 떠올리자 어렴풋한 목표가 생겼다.

결론을 단정하는 리더가 아닌, 질문을 던지는 '다정한 리더'

다행히 내겐 훌륭한 지침서가 있었다. K 팀장을 따라해 봐야겠다고 마음먹었다. 타고난 다정함이야 베낄 수 없겠지만 나는 믿는 구석이 있었다. 그런 '척' 하다 보면 어느새 그 근처에라도 가 있을 거란 걸 알았다. 성실한 척 30분씩 일찍 일어나보면 그 습관이 몸에 밴다. 건강한 삶을 사는 척 샐러드를 장바구니에 담다 보면 채소의 맛을 알게 된다. 마찬가지로 다정한 리더인 척 시간을 내어주고, 질문하다 보면 그 언저리에라도 가게 되겠지. 그렇게 나는 그를 따라 '질문'해 보기로 마음먹었다.

변해야겠다는 다짐은 자발적 선의는 아니었다. 팀원들에게 좋은 팀장이 되고 싶다는 그럴듯한 마음이 아니라 결코 맞닥뜨리고 싶지 않은, 팀장으로서 피하고 싶은 순간이 나의 등을 떠밀었다.

가끔 꿈에도 나올 만큼 두려운 장면이 있다. 팀원이 굳은 표정으로 면담을 청한다. 면담 내용은 퇴사 계획이다. 이유를 물어도 말 없이 사직서만 내밀 뿐이다. 사직서의 퇴사 사유엔 '팀장'이라고 적

안녕히 계세요 여러분~ 전 이 세상의 모든
굴레와 속박을 벗어던지고 제 행복을 찾아 떠납니다~

혀 있다. 꿈에서 깬 후 몇 번이나 가슴을 쓸어내렸는지 모른다. 이
는 일종의 '드릴 말씀 공포증'이다. 과연 요즘 세상에 '드릴 말씀 공
포증'에 공감하지 못하는 팀장이 있을까?

대퇴사의 시대다. 유명한 짤의 내용처럼 제 행복을 찾아 떠나는
이직과 퇴사는 흔한 일이 된 지 오래다. 팀장도 이 모든 것이 시대
의 흐름이란 걸 안다. 하지만 그렇다고 팀원의 '드릴 말씀'에 익숙해
지지는 않는다. 조직을 보고 들어와서 리더를 보고 나간다는 말이
크게 다가온다. 팀원이 퇴사할 때마다 '팀장 잘못이 아냐. 대퇴사
의 시대잖아'라는 허울 좋은 위로의 말만 되뇌일 뿐이다. 하지만 따
뜻한 위로보다 냉정한 자극이 필요한 순간이 있다. 우리는 내일도
팀장일 테니까.

"어제와 똑같이 살면서 다른 미래를 기대하는 건 정신병 초기증세다."

아인슈타인의 말마따나 다른 미래를 기대하기 위해, 어제와는 다른 팀장이 되고 싶어 이 책을 썼다. 대퇴사의 시대지만 어떤 팀장은 '팀원들을 머무르게 하고 몰입하게 한다'고 믿는다. 그 어떤 팀장 중 하나인 K 팀장에게 얻은 힌트가 바로 '질문'이다.

"제가 좀 바빠서…."라고 말하는 대신

'기꺼이 시간을 내어준다는 것'은 팀원이 팀장의 우선순위에 있다는 뜻이다.

"방향은 이걸로 제가 정했고요."라고 단정하는 대신

'팀원에게 질문한다는 것'은 팀장이 그의 의견을 필요로 한다는 뜻이다.

그래서 팀장이 질문한다는 것은 이런 뜻이다.

"당신은 성과를 내기 위한 수단이 아니라 우리 팀의 목적 중 하나입니다."

저자 이윤경

정말 열심히 하는데
왜 팀원이 나갈까?

"오늘이 우리 팀원 마지막 출근일이거든요"

지난봄 무렵 OO그룹 팀장들을 대상으로 리더십 교육을 진행하고 있었다. 40대 초반 A 팀장은 시종일관 불성실했다. 시선은 핸드폰에 고정되어 있었고 1분에 한 번꼴로 한숨을 쉬었다. 어떻게든 참여를 이끌어 내려 질문이라도 건네면 사춘기 소년 마냥 떨떠름한 표정으로 침묵했다. 그간 리더십 강연을 하며 만난 팀장이 못해도 수천 명이었지만 이런 경우는 처음이었다. 속으로 '저 팀장의 팀원들은 참 안됐네. 교육을 받으러 와서도 저런 모습인데 팀에선 오죽할까.'라는 생각에 혀를 차며 이내 시선을 다른 곳으로 돌렸다. 하지만 교육 말미 조별 토론 시간에 우연히 들은 그의 발언에 나는 그만 숙연해졌다.

"오늘이 우리 팀원 마지막 출근일이거든요. 내 팀원 하나 건사 못하는 입장에서 이런 교육이 무슨 소용이겠어요."

모두가 각자의 한숨을 쉬었다. 그리고 한 명, 두 명 자신의 이야기를 꺼내기 시작했다.

"사실 저도 지난주에 퇴사 면담했어요."

"한 명 나가면 한동안은 분위기가 참 어수선해요. 팀원들에게도 상당히 영향을 끼치더라고요."

소주 한 잔 없이도 참 진하게 이어진 그들의 이야기에는 몇 가지 공통된 감정이 묻어 있었다.

▎최선을 다했음에도 퇴사를 막을 수 없었다는 무력감

"저희 팀에선 올해만 두 명이 나갔어요. 갑자기 생긴 업무 공백에 남은 팀원들은 계속 지쳐가구요."

▎본인이 좋은 리더가 아니라는 자책감

"그동안 팀원들 불만이 생길까봐 나름 노력했는데 좋은 팀장이 되는 건 정말 힘든 거 같아요."

▎조직에서 팀원 관리 하나 못하는 리더로 평가받을 것이라는 두려움

"팀장은 평가받을 때 팀원 퇴사율 체크하잖아요. 망했죠 뭐."

▎지금 남아 있는 팀원도 결국엔 나갈지 모른다는 불안감

"남은 팀원들한테 잘해야겠다 싶다가도 얘네도 곧 나갈 거란 생각이 들면 뭐⋯."

이야기는 결국 자포자기로 이어졌다. "내가 말 한마디 잘못하면 다들 퇴사를 생각할까 싶어서 점점 입을 닫게 돼요. 뻔히 잘못하고 있는 것을 알아도요. 물론 알고 있죠. 직무 유기라는 걸요."

'땡-띠리리리 띠리리' 때마침 쉬는 시간 타이머가 울렸다.

"에휴⋯ 그래도 힘냅시다!"

어김없이 한숨을 내뱉으며 화장실로 가는 이들의 어깨는 그래도 조금 가벼워 보였다. 나만 이런 고민을 하는 것이 아니라는 사실이 적지 않은 위안이 되지 않았을까 싶다. 하지만 굳이 이들의 하소연을 증거자료로 삼을 필요도 없이 이제 퇴사는 시대의 흐름이다. 1년도 채우지 않고 나가는 팀원들이 부지기수다. 당장 나가진 않더라도 늘 주머니 안쪽에 '사직서'를 품고 출근하는 일은 유행처럼 번져간다. 꼭 퇴사를 염두에 두지 않더라도 '받은 만큼'만 충성하겠노라는 '조용한 퇴사'가 디폴트값인 시대다.

나도 이 흐름에서 예외일 리 없다. 작년 연말로 기억한다. 따뜻한 라떼 한 잔과 함께 크리스마스 분위기를 만끽하고 있을 즈음, 팀원에게 카톡이 왔다.

"팀장님, 드릴 말씀이 있는데요. 혹시 통화 가능하실까요?"

'드릴 말씀 공포증'이 몰려왔다. 미리 보기로 읽은 그 카톡을 차마 열지 못하고 한참을 망설였다. 불길한 예감은 맞았다. 좋은 조건으로 이직 제의를 받았다고 했다. 그 조건은 팀장인 내가 들어도 너무 매력적이라 말리지도 못했다. 애써 담담한 척 다시 한번 생각해 보라는 말밖에 해줄 말이 없었다. 그렇게 통화를 마치곤 결론이 나기까지 며칠을 끙끙 앓았다. 돌이켜보면 정확히 그 순간부터였던 것 같다. 단순히 '일 잘하는' 팀장이 아니라 '내 팀원들을 머물게 하는' 팀장의 역할을 고민하기 시작한 건.

그 후로 나는 치열하게 노력했다. 내 생애 이렇게 심도있게 고민했던 순간이 있었나 싶을 정도로 고뇌의 시간을 갖고 또 가졌다. 이 정도의 노력이라면 해결 못할 문제는 없어 보였다. 하지만 치명적인 문제가 도사리고 있었다. 그 노력이 엉뚱한 방향으로 가고 있었다는 것이다. 그것도 아주 단단히 잘못된 핀트였다.

"그건 팀장님만의 정답인 것 같아요"

나는 쓸데없이 낭비하는 시간을 싫어한다. 당연히 내가 집중한 건 '효율'이었다. 근무 시간에 몰입해서 바짝 일하고, 6시가 되면 사정없이 컴퓨터의 종료 버튼을 누르는 환경을 만들고 싶었다. 팀원들도 당연히 그럴 것이라 생각했다. 그러려면 명확한 R/R 하에 일사분란하게 움직일 수 있어야 했다. 흡사 군대처럼 마음속으로 구호를 외치고 합을 맞춰야 한다. 그래서 나는 야전사령관처럼 굴었다.

"이건 A가 ○○까지 진행해 주세요."

"B, 이건 가-나-다-라-마의 순서로 진행하시면 됩니다."

"C, 내일 오후 3시까지 공유해 주세요."

내 전략은 통한 것처럼 보였다. 우리 팀은 모든 게 효율적으로 돌아갔다. TO DO 리스트가 명확하니 일이 붕 떠서 손이 놀고 있는 경우도 드물었다. 일정은 정해진 순서대로 착착 진행됐고, 업무 시간은 밀도 있게 야무졌으며, 정해진 시간에 퇴근할 수 있었다. 우리 팀보다 명확한 팀은 없었다.

하지만 뭔가 이상했다. 마치 스터디 카페나 독서실처럼 근무 시간이 너무 조용했다. 대화를 나누는 직원은 없었다. 당시 나는 이역시 몰입의 결과라 생각해 뿌듯함을 느꼈다.

한 번은 A와 '1 on 1'을 하며 이번 달 주요 업무에 대해 이야기하고 있었다. 불과 두어 달 전까지만 해도 열정과 패기가 폭발 직전의 활화산처럼 활활 타오르던 A의 눈빛이 그날은 어째 이상했다. 전혀 즐거워 보이지 않았고, 무기력마저 느껴졌다. 순간 내가 뭔가 놓치고 있다는 걸 직감했다. 그 느낌은 몇 주 후 폭풍이 되어 돌아왔다.

"사실… 저 그 업무 너무너무 하고 싶었어요."

상황은 이랬다. 급히 투입되어야 할 프로젝트가 생겼다. 나는 효율적으로 일을 나누기 위해 팀원들의 업무량을 들여다봤다. 마침 B가 다른 업무를 마친 상황이라 시간적 여유가 있어 긴급 프로젝트를 그에게 맡겼다. 그때 뭔가를 말하고 싶은 듯 머뭇거리던 A의 표정을 모른 척 그냥 넘겼다. 그리고 한 달쯤 지났을까. 모처럼 같이 밥을 먹던 A가 어렵게 털어놓았다. 사실 그 일을 정말 하고 싶었다고. 입사 하기 전부터 꿈꿨던 프로젝트라고 말이다.

실수는 그 한 번이 아니었다. 나는 경주마 같은 사람이다. 맡은 일을 잘 해냈을 때의 성취감이 치킨 닭다리보다 좋고 엔비디아 주식보다 좋다. 그래서 팀원들이 나와 같은 희열을 느낄 수 있게 해주고 싶었다. 그래서 괜찮은 아이디어가 떠오르면 물불 가리지 않고 뛰어들었다. 업무가 많아지니 밥 먹을 시간도 없어 점심을 거르는 일이 잦아졌다. 하지만 감내할 수 있다고 여겼다. 그 이상의 성취가 있을 거라고 생각했기 때문이다. 그러던 어느 날 가장 오랜 시간 동안 함께 합을 맞췄던 팀원이 조심스럽게 입을 열었다.

"팀장님, 그건 팀장님만의 정답인 것 같아요."

그의 생각은 이랬다.

"팀장님이 너무 빠르게 추진해서 B는 그 속도를 버거워하는 것 같습니다. 그 친구는 신중파거든요."

"성취감도 중요하긴 한데 갓 입사한 C에겐 우선 소속감이 필요하지 않을까요? 팀원들이랑 제대로 식사도 몇 번 못한 것 같아요."

"업무량 밸런스도 되게 중요하긴 하지만 그 프로젝트는 A가 되게 하고 싶어 했는데 아쉬웠을 것 같아요."

생각지도 못한 불만을 듣자 당황한 내 입에서 유치찬란한 말이 튀어나왔다.

"아니, 왜 그걸 이제 말하는 거죠?"

돌아온 답은 나를 더 부끄럽게 했다.

"팀장님은 늘 바빠 보이세요. 회의할 때도, 1 on 1할 때도 할 일이 엄청나게 쌓여 있어서 2배속으로 이야기하고 다음 미팅 가시잖아요. 미팅 일정도 앞뒤로 빼곡해서 팀장님하고 미팅하는 팀원들은 회전문처럼 들고 나는 거 모르셨어요?"

그리고 그의 마지막 한 마디가 쐐기를 박았다.

"아무리 바쁘시더라도 좀 물어봐 주셨으면 좋겠어요. 우리 팀원들은 생각이 다 달라요. 우리는 팀장님이 아니거든요."

당황한 나는 서둘러 그 자리를 떴다. 솔직히 좀 화가 나기도 했다. '이게 다 업무 성과를 높이기 위한 일인데…' 팀장의 책임과 무게를 이해해 주지 못하는 것 같아 무엇보다 서운함이 몰려왔다. 내 경험과 판단을 존중받지 못하는 것 같았고, 치부를 들킨 것이 부끄럽기도 했다. 무엇보다 그동안 제법 괜찮은 팀장이라 여겼던 내 자신이 소름끼치게 민망했다. 그와 동시에 자신감은 급강하했다.

며칠쯤 흘렀을까. 집 나간 정신을 돌아오게 한 건 선배의 한마디였다. 이런 고민을 늘어놓으며 넋두리를 하니 선배는 상황을 한 방에 정리했다.

"알았으면 이제 고치는 일만 남았네."

그리고 덧붙였다.

"야, 근데 너 복 받은 줄 알아라. 그런 말 해주는 팀원이 어딨냐? 그런 얘기 원래 다 뒤에서만 하잖아."

그의 말이 맞았다. 이제라도 알았으니 천운이었다. 아직 팀원들은 떠나지 않았다. 돌이킬 수 있고 돌이켜야 한다. 그렇게 '팀장 이윤경'을 복기하기 시작했다.

돌아보니 우리 팀엔 대화가 거의 없었다. 나는 테트리스 블록마냥 정신없이 내리 꽂히는 일정을 소화하느라 바빴다. 모임을 즐기는 타입도 아닌 데다가 마침 요즘 친구들 역시 회식을 꺼려 한다고 하니 잘됐다 싶어 식사 자리도 연례행사가 되어 버렸다. 극강의 효율성을 가장 중시한 탓에 팀원과 상의해서 업무를 지정하지 않고 바로 지시하는 경우가 대부분이었다. 좀처럼 상대의 상황을 물어보는 일이 없었던 나는 젠틀한 척하는 독재자였던 셈이다. 팀원들이 마치 복제된 이윤경1, 이윤경2, 이윤경3, 이윤경4인 것마냥, 나의 방식을 일방적으로 가이드했다.

누군가 그랬다. 꼰대는 '오직 나만 정답'이라고 여기는 사람이라고. 그래서 '질문'하지 않고 '자기 이야기'만 한다고. 세상에, 내가 바로 그 꼰대였다. 그 사실을 모르고 있는 건 오직 나 하나였다.

문득 한 선배 팀장이 뇌리를 스쳤다. 리더로서의 비전을 한 줄로 적는 워크숍에서의 일이었다. 각자 멋들어진 비전을 적어 내려갔다.

"5년 후의 비전을 그려줄 수 있는 리더가 되고 싶습니다."

"믿고 따르기만 하면 되는, 성과를 책임지는 팀장이 되고자 합니다."

(나도 굉장히 오글거리는 위대한 문장을 적었지만 민망하므로 언급하지 않겠다.)

그런데 정작 지금까지 가장 선명하게 기억나는 팀장의 포부 한 줄은 매우 투박했다.

"저는 팀원들에게 시간을 아끼지 않는 팀장이 되고 싶어요. 팀원들이 시간 있냐고 물어보면 없던 시간이라도 내는 팀장이요."

하긴 그분은 동료 팀장인 내게도 그랬다. 어쩌다 밥이라도 먹게 되면 주로 말을 하기보다는 듣기만 했다. 나는 왜 이분 앞에서는 이렇게 수다쟁이가 되나 했더니 그건 그분이 내게 호기심 가득한 눈빛으로 물었기 때문이었다. 그 눈빛에는 이런 메시지가 실려 있었다.

'나는 너의 생각이 궁금해. 그리고 중요해.'

또 한 명의 팀장이 떠올랐다. 한 번은 그분이 이런 질문을 던졌다.

"다른 사람에게 줄 선물을 고를 때 있잖아. 넌 어떤 걸 줘?"

"흠, 보통 내가 써보고 좋았던 걸 주는 것 같아요."

그의 생각은 달랐다.

"좋은 방법이지. 내가 좋아하는 것을 주는 것 말야. 하지만, 그래서 실패했던 적은 없어?"

맞다. 내 딴엔 좋아서 했던 선물에 친구가 묘한 표정을 지었던 일이 비단 나만의 일일까. 거꾸로 친구가 자신의 취향대로 골라준 선물이 내겐 무용지물이었던 일도 숱했다. 그 팀장의 생각은 이랬다.

"내가 좋아하는 걸 주는 거 말고, 상대가 좋아할 선물을 주려고 노력해 봐. 최소한 상대가 싫어하거나 쓸모없다 여기는 선물은 피해야지. 그런데 그러려면 신경 쓸 게 많아. 내 마음대로 생각한 상대가 아니라 '진짜 상대'를 잘 파악해야 하니까."

내가, 그리고 지극히 열심히 노력한 모든 팀장들이 그럼에도 실패했던 것은 이런 이유에서였다.

'다들 나 같을 것이다'라는 지레짐작 때문이다. 그래서 묻지 않은 채 잘못된 핀트로 엉뚱하게 노력해서 헛발질을 해온 것일 게다.

질문하는 리더는 팀원을 머물게 한다

우리 모두는 입사하는 순간 퇴사를 생각하는 시대에 살고 있다. 퇴사는 이 시대의 디폴트다. 그것을 팀장 혼자의 힘으로는 온전히 막을 수 없다. 이에 대한 한 지인의 요약은 명쾌했다.

"인류 보편의 진리는 기브 앤 테이크야. 조직이 이제 '정년'을 주지 않으니 직원들은 '헌신'을 주지 않는 거지. 조직이 내 평생 울타리가 아니란 것은 삼척동자도 아니까 자기 살길 찾아 퇴사하는 거야."

이러한 변화를 상징하는 단어는 '워라벨'과 '조용한 퇴사'이다. 잠시 딱딱한 이야기를 좀 해 보자.

'워라벨'이란 단어는 네이버 키워드 기준 2016년 1월부터 본격적으로 이 사회에 등장했고, '조용한 퇴사'는 2022년 7월 뉴욕에 거주하는 엔지니어 자이들 플린이 틱톡에 올린 영상에서 촉발되어 전 세계로 번졌다. 둘은 같은 방향을 향하고 있지만 조금 다르다.

'워라벨'은 쉽게 말해 9 to 6 (근무 시간) 외엔 '내 시간을 존중하라'는 뜻이다. 이에 비해 '조용한 퇴사'는 좀 더 적극적이다. 실제로 퇴사를 하겠다는 의미는 아니다. '나는 이곳의 주인이 아니니 주인처럼 일하라고 강요하지 마라'는 뜻이다. 이미 '워라벨'이 존중받는 것은 기본이고 한발 더 나아가 '내게 할당된 딱 그만큼만 일할 거니까 그 이상으로 내게 요구하지 마세요'라는 뉘앙스가 전제되어 있다.

이 두 단어가 세상에 나온 맥락을 십분 이해한다. 하지만 거기에 깔린 전제를 살펴 보면 다소 이질감이 생긴다. 두 단어에는 '일은 내 삶을 갉아 먹는다'는 전제가 깔려 있다. 6시 1분에 메일을 받으면 '내 삶'을 넘어오는 것이고(워라벨), 내가 받은 건 10인데 여기서 1을 더 하라고 하면 나를 호구로 본다고 여긴다(조용한 퇴사). 이쯤 되면 출근은 전쟁터로 끌려가는 길목이고, 업무는 아군이 아닌 적군이 된다. 상대가 51을 차지하면 내 몫이 49가 되어버리는, 그래서 반드시 무찌르고 대항해야 하는 피로한 존재인 것이다.

하지만 토스의 이승건 대표는 전혀 다른 말을 한다.

"모든 사람들은 일하기를 좋아합니다. 그 일을 함에 있어 장애물을 걷어내어 주면 몸이 망가지면서까지 일을 할 거예요."

(몸을 망가뜨리면서까지 일하는 것에는 이견이 있지만) 나는 이 말에 대체로 동의한다. 일은 '적군'이 아니라 '아군'이다. 내 삶을 갉아먹는 존재가 아니라 내 행복의 이유가 될 수도 있다. 만약 그런 환경에서 일할 수 있다면 누구든 헌신하고 몰입할 것이라고 나는 확신한다.

문제는 그럴 수 있는 환경을 만드는 것이다. 그 힌트를 찾은 건 우습게도 한 팀장의 술자리 연설에서였다. 그는 사이드 잡으로 농사를 짓는다. 텃밭에서 얻은 인사이트를 술자리 얘깃거리로 삼곤 하는데 그중 하나가 '고구마 감자론'이었다.

"감자를 키울 땐 비료를 많이 줘야 해. 그래야 쑥쑥 크거든. 그러다 남는 밭에 고구마를 키운다고 해 봐. 고구마랑 감자랑 뭐 비슷할 거 같잖아. 생긴 것도 비슷하고 맛도 슴슴하니. 그래서 감자한테 하던 대로 비료를 주곤 하지. 그럼 어떤 일이 생길까? 고구마는 썩어 버려. 고구마 농사는 망친 거지. 고구마한테는 비료를 최소한으로 줘야 하는데 사람들이 그걸 잘 몰라. 그 둘이 전혀 다르단걸."

유레카! 나는 바로 이 '고구마 감자론'에서 팀장 이윤경의 실책을 찾았다. 나는 감자 같은 사람이었기 때문에 팀원들을 모두 감자로 대했다. 내게 최적화된 방식으로 그들을 대했지만 아쉽게도 팀원들은 고구마, 옥수수, 복숭아, 사과, 심지어 미역 같은 이들이었다. 그들에게 감자의 토양이 맞을 리 없었다.

우리는 모두 다르다. 같은 연차에, 같은 조직에서 일하며, 같은 직무를 수행하고 있다고 할지라도 천차만별이다. 일하는 동력도, 성과를 내는 강점도, 태도와 가치관도 모두 다 다르다.

예전엔 조직의 이름 한 줄이 나의 평생 울타리였기에 굳이 '나'를 찾아 헤매지 않아도 좋았다. 하지만 이제 우리는 다른 시대를 살고 있다. 모두가 '나는 어떤 사람이지?'를 묻고, '이 회사에서 나의 존재는 무엇이지?'를 이야기한다. '사이드 프로젝트' 검색량이 3년 사이 8배가 늘었다. '셀프 브랜딩' 강의에 사람이 몰린다. 조직에 매몰되지 않고 내가 나로서 존재할 수 있길 바라는 것이다.

아이러니하게도 이는 곧 '퇴사하는 이유'이자, '퇴사하지 않는 이유'일 수 있다. 회사에서 월급을 받고 일을 하면서 '나의 성장'을 즐긴다면 그걸 마다할 이유는 없다. 지금 가장 중요한 건 '내가 나다울 수 있는, 내가 성장할 수 있는 환경'이다.

그리고 그것을 가능케 하는 건 단언컨대 '질문하는 리더'다.

알기 쉽게 그림으로 설명을 해 보자.

오랜 시간 팀장의 역할은 그림의 깃발과 같았다. '우리 영업팀은 고객의 마음을 얻어서 매출을 올려야 합니다', '우리 HR은 우수한 구직자들이 우리 회사에 많이 지원할 수 있게 해야 합니다' 같은 조직의 목표와 팀의 KPI가 이 깃발에 해당한다. 그래서 팀원들이 본인이 해야 할 일을 명확하게 알고, 이 깃발을 향해 돌진할 수 있도록 하는 것이 팀장의 역할이었다. 이는 지금도 마찬가지다. 조직의 미션을 가장 잘 이해하고 있는 팀장이 팀원들에게 명확한 목적 의식을 불어넣는 것은 기본 중의 기본이니까. 그런데 문제는 여기에 한 가지 축이 추가되었다는 데에 있다.

왼쪽에 '사람', 즉 팀원 개개인이 추가됐다. 예전에는 조직의 목표(깃발)에만 시선을 두면 됐지만, 이제는 이를 수행하는 팀이 명확하게 목적을 이해하고 팀 목표(깃발)에 얼라인align 하도록 하는 것까지가 팀장의 역할이 됐다.

예전에 한 팀장이 이런 말을 한 적이 있었다.

"신입사원들이 가장 자주 하는 실수가 뭔지 알아? 자기가 잘하는 거 있잖아. 대학생 때 팀플에서 PPT를 잘 만들었다던지, 무슨 학회에서 뭘 공부했다던지. 거기에만 매몰돼서 일하더라고. 팀의 목표를 달성하는 것이 아니라."

십분 공감했다. PPT를 잘 다루는 팀원은 메모장이면 충분한 일을 PPT로 만드느라 시간을 허투루 쓰곤 했다. 아이디어가 번뜩이는 팀원은 신박하긴 하지만 문제 해결과는 상관없는 아이디어를 폭죽처럼 터뜨렸다. 발 넓은 팀원은 자신이 해결해야 할 일을 남에게 부탁하고 맡긴다. 쉽게 말해 팀원들은 본인의 관심과 지향에만 매몰된 채 팀의 목표는 보지 못할 때가 많았다.

팀장의 패착은 정확히 이 반대의 경우다. 팀의 목표(깃발)에만 매몰되어 팀원 개개인에 시선을 두지 않는 것. 근래 빠른 속도로 팀장의 TO DO 리스트에 편입되고 있는 '1 on 1'은 바로 이 점을 염두에 둔 제도다. 메타Meta의 전 COO 셰릴 샌드버그Sheryl Sandberg가 내린 1 on 1의 정의 역시 같은 맥락이다.

"1 on 1 대화는 회사와 구성원이 하나의 페이지에 존재하기 위한 과정(Get on the same page)이다."

다시 말해 '1 on 1'은 1:1로 마주 앉아 진득하게 팀원 개개인과 우리 팀의 깃발을 연결해 보자는 것이다. 그런데 잠시 솔직해져 보자. 이건 비단 팀원에 국한된 이야기는 아니다. 팀장도 다르지 않다.

한 번은 굴지의 금융사 팀장의 강연을 간 적이 있었다. 앞으로의 다짐을 적어보는 자리였는데 한 팀장의 발표가 아이돌 공연 못지 않은 큰 박수를 받았다. 그의 스케치북에는 이렇게 적혀 있었다.

"전세보다 자가"

'부동산에 큰 관심과 지향이 있으신가보다'라고 생각했던 찰나 마이크를 든 그가 이렇게 말했다.

"팀장님들, 솔직해집시다. 열심히 쓸고 닦고 인테리어에 공 들여도 때 되면 다 놓고 나와야 하는 전세살이 싫지 않습니까?

일하면서도 마찬가지입니다. 신경 쓴 만큼, 공들인 만큼 나 좋은 일이 되는 자가에 살듯이 일합시다."

맞다. 팀원이 아니라 이는 우리 모두의 니즈다. 세대가 아니라 시대의 변화다. 비록 나의 팀장님들은 우리를 그렇게 대하지 않았을지언정 나의 팀원도, 나도 그런 환경을 원한다는 것을 우리는 안다.

일이 '나' 좋은 일이 될 때 우린 몰입한다. 하지만 A에게는 마냥 좋은 일이 B에겐 피하고픈 일일 수 있다. 그래서 결국, 팀장에게 필요한 건 '질문'이다.

혹시 이렇게 생각하는 이도 있을 듯하다.

'저는 팀원들을 잘 알아요. 오래 일했고, 친하거든요.'

'저는 팀원들이랑 꽤 자주 대화해요. 어지간한 건 다 알걸요?'

그런데 과연, 정말 그럴까?

"우리, 팀원을 다 안다고 생각하지 맙시다"

이 책을 손에 쥔 분들은 대부분이 리더일 것이다. 그럼 지금부터 각자 머릿속에 팀원을 한 명 떠올려 보자. 요즘 가장 신경 쓰이는 팀원이면 더 좋다. 그리고 아래 5개의 칸을 채워보자. 제한시간은 3분이다.

1 그가 가장 자발적으로 열정을 다했던 프로젝트는 _____ 이다.

2 그가 가장 심리적으로 힘들어 했던 프로젝트는 _____ 이다.

3 그가 스트레스를 받을 때 해소하는 방법은 _____ 이다.

4 그가 유난히 불편해하는 건 _____ 이다.

5 그가 회사에서 가장 의지하는 동료나 선후배는 _____ 이다.

이 중 몇 개에 답했는지 세어보자. 3개 이상을 주저 없이 채운 분이라면 이쯤에서 책을 덮는 게 낫겠으나 그리 많지 않을 것 같다. 아마 여러분의 마음속에 이런 핑계가 삐쭉 솟아나고 있지 않을까 짐작해 본다.

'아니, 팀원이 몇 명인데 이걸 다 꿰고 있나요.'

'부담스러워할까 봐 SNS 계정도 못 물어보는데 이런 개인적인 일을 어떻게 알아요.'

'제가 끼면 불편할까 봐 팀 회식도 카드만 줘서 보내고 있어요.'

'1 on 1도 겨우 하는 중인데 사실 무슨 이야기를 해야 할지 모르겠던데요.'

팀원의 면면을 굳이 알 필요 있을까 싶은 팀장들을 위해 '몰라서 곤란했던 사례'를 소개한다.

연초에 동료 팀장 A가 고민을 털어놨다. 무책임한 팀원 B가 고민이라고 했다. B는 건강상의 이유로 질병 휴직을 꽤 하다 돌아왔는데, 맡은 일이 좀처럼 결론이 나지 않는다는 것이다. 지난 달 A 팀장을 다시 만났다. 그때 고민하던 B는 어찌 되었냐고 묻자 A 팀장의 얼굴이 살짝 붉어졌다.

"제가 참… B를 몰랐더라고요. 일을 늘어놓기만 하고 마무리는 못하기에 게으르고 무책임하다고만 생각했었는데 그게 아니었어요."

B는 무책임한 게 아니라 '불안'했던 것이라고 했다. 한동안 일을 쉬었기에 얼른 자기 몫을 해내야 한다는 압박이 있었다. 게다가 입사 연차도 적지 않은 편이라 부담은 더 컸다. 문제는 그런 이유로 업무량이 넘쳐도 팀에 도움을 청하지 않고 혼자서 어떻게든 처리하려 들었다는 것이다. 스스로의 몫을 증명해내고 싶은 마음이 컸던 탓이다. 좀처럼 마무리를 하지 못한다고 답답해했던 팀장 A의 불만은 당연했지만 팀원 B에겐 중대한 이유가 있었다. 그렇게 내막을 알게 되자 그가 '무책임한 팀원'이 아니라 '어떻게든 자신의 몫을 해내려 하는 책임감 강한 팀원'으로 보였다고 했다.

그 말을 듣고 있던 다른 팀장 C도 자기 속내를 털어놓았다.

"저도 그런 경우가 있었어요. 연초에 신입 D가 들어왔는데 왜 그거 있잖아요. '맑눈광(맑은 눈의 광인이라는 신조어).' 출근할 때부터 퇴근할 때까지 귀에 보청기마냥 콩나물 대가리를 끼고 안 빼는 거예요. '나한테 말 걸지 마라'는 걸로 느껴져서 좀 불쾌했죠. 이것저것 알려줄 것도 많았는데 실제로 여러 번 불러도 듣지 못했을 때도 있었구요."

그런데 사정을 알고 보니 D는 '소음 개복치(개복치: 흔히 유리멘탈이라고 불리는, 마음이 약하고 쉽게 동요되는 사람을 일컬음)'였다. 그는 작은 소리에도 화들짝 놀랐다. 옆자리 동료의 타이핑 소리만 들어도 집

중도가 확 떨어진다고 하니 에어팟은 나름의 궁여지책이었던 것이다. 이야기하기 싫어서, 듣기 싫어서가 아니라 괜히 예민하게 굴고 싶지 않아서 했던 행동이다. 팀장 C는 팀원 D를 이해할 수 있었고, 그간의 오해를 풀 수 있었다.

"예전에 〈타이타닉〉 주제가를 불렀던 셀린 디옹이라는 가수 있잖아요. 그 사람이 예정되어 있던 월드투어를 갑자기 취소했었대요. 그 이유가 소리 때문에 근육 경련이 일어나는 병 때문이더라구요. 자동차 경적이나 거리 소음에도 경련을 일으킬 수도 있다던데 그 기사를 읽고 아차 싶었어요. 이게 당사자에게는 정말 심각한 문제일 수 있겠구나. 어떻게든 그 소음에서 자신을 지켜려 했겠구나. 그 후부턴 그 팀원이 콩나물을 끼고 일해도 아무렇지도 않았어요. 오히려 일에 몰입하고 싶어한다는 생각에 기특하기까지 하니 사람 마음이 한 끗 차이인가 봐요."

내가 고백할 차례였다. 다른 팀과의 협업 프로젝트였는데, 옆 팀 팀원인 E와의 커뮤니케이션이 자꾸 삐걱댔다. E는 자타공인 완벽주의자였다. 일의 진행 상황을 중간 점검해 보자는 말에 '아직 준비가 되지 않았다'며 손사래를 치기 일쑤였다. 그렇게 차일피일 미루다 마감 일자가 다 되어서야 내용을 공유하곤 했다. 결과물이 괜찮았을 때도 있었지만 그렇지 않을 때도 종종 있었다. 방향 자체가 잘

못되어서 처음부터 다시 기획해야 했던 것이다. '그때 내가 점검 하자고 할 때 했으면…' 하는 생각에 화가 머리끝까지 났다. E와는 가급적 함께 일할 기회를 만들지 말아야겠다며 속으로 씩씩댔다. 그런 내 생각이 짧았다는 것을 알게 된 것은 시간이 한참 지나서였다. 그에게도 이유가 있었다. E는 어려서부터 쭉 모범생이었다. 늘 칭찬받는 것에 익숙했다. 그러다 회사에서 몇차례 부정적 피드백을 듣고는 크게 당황했다고 했다. 모범생으로 살았던 그에게 동료들의 기대를 충족시키지 못했다는 자괴감은 유독 컸고, '100점 짜리 결과물을 보여줘야 한다'는 강박이 생겼던 것 같다고 했다. 그래서 50점짜리 중간 과정을 보여주는 게 겁이 나 최대한 보완을 하려다 지체된 것이다.

그의 말에 나는 그만 숙연해졌다. 그에겐 나름의 사연이 있었지만 나는 그 내막을 들여다볼 생각은 않고 지레짐작했다. 하지만 이것이 단순히 '묻지 않아서'의 문제는 아니었다. 매번 의견을 물어본다는 팀장들도 많았다.

"요즘 1 on 1 하잖아요. 얼마나 열심히 물어본다고요."

"나 정도면 대화 많이 하는 것 같은데?"

"내 말만 하려 하지 않고 이것저것 묻기도 하고, 말 안 끊고 잘 들어주는데…."

"저는 정말 자주 물어봤거든요. A한테도 그랬어요. 요즘 괜찮은지, 문제는 없는지. 그랬더니 없대요. 그런데 어떻게 됐는지 아세요? 다음 달에 퇴사했어요."

그때 누가 그랬다.

"혹시, 우리가 들은 답이 가짜였을 수도 있잖아요. 왜 그 사례처럼요. '아프리카 우물'말이에요."

'아프리카 우물' 이야기는 이렇다. 아프리카 낙후 지역을 지원하는 단체가 있었다. 지역의 사정을 보아하니 우물이 필요해 보였다. 물 한 동이를 긷기 위해서 하염없이 두세 시간을 걸어야 하는 상황이었던 것이다. 하지만 작업이 진행되면 될수록 주민들의 표정이 좋지 않았고, 자꾸 비협조적으로 굴었다. 우여곡절 끝에 우물이 완성되었지만, 마을 주민들은 좀처럼 그 우물을 사용하지 않았다. 왜 그러냐 물었지만 돌아오는 답이 어째 개운치 않았다.

"엔진에서 기름이 떨어져서 물이 안전하지 않은 것 같아요."

"여기에 시체가 묻혀 있었대요."

"수질이 산성이라서 안 좋대요."

이런 저런 이유를 대긴 했지만 뭔가 근거 없는 핑계 같았다. 그리고 그들의 '진짜 이유'를 알게 된 건 그들과 한잔하면서였다.

"사실, 시어머니가 너무 괴롭혀서 물 긷는 시간만이라도 탈출하고 싶었어요."

"물 길으러 가는 시간만이 우리가 고된 시집살이에서 벗어나 친구들과 수다를 떨 수 있는 유일한 자유시간이에요."

사실 물을 긷기 위해 다닌 먼 길이 마을 여자들에겐 '힘든 시간'이 아닌 '자유로운 시간'이었던 것이다. 이들에게 정말 필요했던 건 '가까이에 있는 우물'이 아니라 먼 거리를 가더라도 가뿐히 갈 수 있는 '가벼운 물 항아리'였다. 이렇게 훨씬 더 간단하고 쉬운 솔루션에 이르기까지 한참을 돌고 돌아야 했다. 이 길은 어설픈 가짜 답변으로 가려진 길이었다.

그러니 팀장은 단순히 '질문을 했다'는 것에 만족할 것이 아니라, 자신이 던진 질문이 '제대로 된 질문'인지 고민해야 한다. 그런 질문만이 '진짜 답'을 들을 수 있다.

팀장이 던져야 할 5가지 질문

올해로 월급을 받고 일한 지 15년 차다. 난 참 운이 좋다고 생각하는데 그 명백한 증거는 '월요일 아침의 느낌'이었다. 나는 월요병을 앓아본 기억이 별로 없다. 정말이지 일이 재밌었다. 앞서 언급한 토스의 이승건 대표 말처럼 나는 일에 흠뻑 빠져 있었다. 그런데 시간이 지나니 실체가 드러났다. 이는 결코 내가 잘나서가 아니다. 내가 재미있어하는 일을 할 수 있게 기회를 만들어 주고 장애물을 걷어내준 리더들 덕분이었다. 돌이켜 보니 그들은 계속해서 내게 질문을 던졌다. '어떤 일을 해보고 싶은지', '필요한 도움이 무엇인지'.

'너무 감상적인 거 아닌가?'라고 생각하는 이가 있을 것이다. 그런 이에게 메이저리거 라파엘 커팔의 이야기를 들려주고 싶다. 그는 최고의 주가를 달리고 있었고, 애틀란타 브레이브스의 강력한

러브콜을 받았다. 하지만, 계약 직전 LA 다저스로 선회했다. 이유
는 다저스가 내민 계약서의 한 줄 때문이었다. 무엇이 적혀 있었을
까? 엄청난 숫자의 연봉? 긴 계약 기간? 출전 보장? 아니다. 그 한
줄은 정말 소박하고 평범했다.

'퍼칼의 작은 고향 마을에 소방 시설을 지원해 드리겠습니다.'

퍼칼에게 고향은 유독 특별했다. 소방차가 없어서 소방대원들
이 픽업 트럭에 물통을 싣고 출동해야 하는 고향의 열악한 환경을
그는 늘 안타까워했다. 그 마음을 LA다저스가 들여다 본 뒤 따뜻한
제안을 한 것이다. 그리고 퍼칼은 그 한 줄에 움직였다.

전 미국 대통령 시어도어 루스벨트의 이 말 역시 상대의 사소함
을 배려하는 것이 얼마나 중요한지를 알려준다.

"사람들은 당신이 얼마나 그들에게 신경쓰는지 확인할 때까지는
당신이 얼마나 많이 아는지를 신경쓰지 않는다."

내가 15년을 근속한 건, 대부분의 시절 월요병을 모르고 지냈던
건 지극히 '운'이었다. 그 운으로 나는 내게 '제대로 질문하는 리더'
를 만났다. 그래서 난 운 좋던 지난 시절을 복기하며 내가 나의 팀

장에게 들었던, 그래서 이젠 내 팀원들에게 물어야 할 5가지 질문을 추렸다.

이를 소개하기 전에 앞에서 언급한 그림을 다시 가져와 보자.

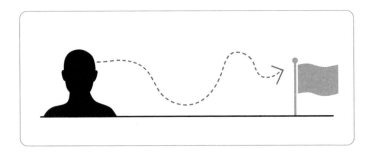

당신의 팀원 한 명이 길 초입부에 서 있다. 당신은 팀장으로서 팀원이 앞의 깃발까지 빠르고 신나게 달려가게 도와야 한다. 이것이 전문 용어로 얼라인^{align}이다.

이 그림만으로 이해가 잘 되지 않는다면 조금 다르게 설명해 보자. 팀장 역할의 두 가지 축은 앞서 말한 것과 같이 '팀의 목표'와 '팀원에 대한 이해'다. 이를 사분면에 나눠 그리면 다음과 같은 그림이 나온다.

팀의 목적에만 몰입하는 팀장은 '혼자 일하는 팀장'이다.

팀원 개개인에만 몰입하는 팀장은 '사람은 좋은 팀장'이다.

이 둘 모두 하지 않는 팀장은 '자격이 없는 팀장'이다.

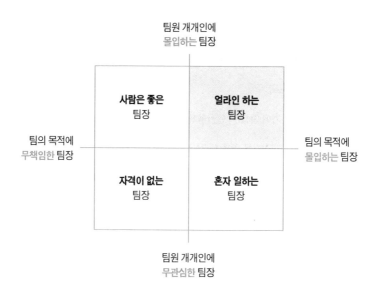

팀의 목적과 팀원 개개인 모두에 몰입하는 이를 우리는 '얼라인 하는 팀장'이라고 부른다.

지금 현재 여러분의 좌표는 어디인가?

이 표를 본 어떤 동료 팀장은 본인을 '자격이 없는 팀장'이라 평했고, 누군가는 '나는 사람은 좋지' 하며 묘한 표정을 지었다. 여러 차례 고백한 것처럼 나는 '혼자 일하는 팀장'에 가까웠다.

어느 좌표에 있든 공통점은 있다. 우리 모두는 '얼라인 하는 팀장'이 되고 싶다는 것이다. 이를 위해 우리가 시도해 볼 수 있는 방법은 꽤 여러 가지다.

1. 팀원에게 목표를 묻는다. 정확한 목적지를 알고 달릴 수 있도록

2. 팀원이 굴릴 수 있는 가장 큰 바퀴를 같이 찾아본다. 한 번만 굴려도 멀찍이 나갈 수 있도록

3. 팀원의 자동차에 딱 맞는 엔진을 달아준다. 멈추지 않고 달릴 수 있도록

4. 팀원의 아킬레스건을 함께 체크한다. 넘어지지 않도록

5. 이 모든 과정에서 팀장이 해줬으면 하는 도움을 묻는다. 어려운 순간 SOS 를 망설이지 않도록

그리고 이를 취합하면 팀장이 입사 첫 달 반드시 던져야 할 다섯 가지 질문은 바로 이것이다.

질문 ❶ (목표) 당신은 어떤 팀원으로 기억되고 싶은가?

질문 ❷ (성과를 내는 패턴) 당신의 강점은 무엇인가?

질문 ❸ (엔진) 당신을 동기부여하는 것은 무엇인가?

질문 ❹ (취약점) 당신의 아킬레스건은 무엇인가?

질문 ❺ (도움) 팀장으로서 조력 포인트는 무엇인가?

이 질문을 그림으로 그리면 다음과 같다. 그리고 이 질문은 이런 상황에 특히 유효하다.

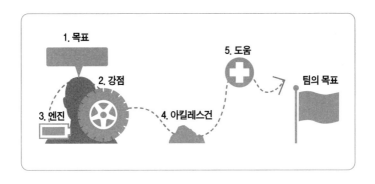

신규 입사자의 성공적인 온보딩이 간절하다면

놓치고 싶지 않은 팀원의 번아웃이 고민이라면

팀빌딩, 혹은 위기를 맞은 팀의 리빌딩이 간절하다면

이때 중요한 건 팀장과 팀원 사이에 흐르는 안전하고 편안한 공기다. 그 공기를 만들기 위해 반드시 알아야 할 10가지를 다음 장에서 소개한다.

좋은 질문의 새싹이 될 10가지 조건

(1) "나는 이 사람이 필요하다."

가장 기초가 되어야 할 전제다. 보통 면담을 하면 리더들은 자신이 팀원을 '돕는다'고 생각한다. 그래서 그들의 이야기를 '잘 들어줬다'고 여긴다. 틀린 말은 아니다. 하지만 도움이 필요한 건 팀장도 마찬가지다. 팀장의 일은 팀을 조화롭게 하는 것인데, 혼자 힘으로 할 수 있었다면 애시당초 팀이라는 것이 존재할 리 없다. 팀장이 아무리 주 7일을 일하고 일당백을 한들 팀원이 움직여 주지 않으면 팀장은 연차 많은 프리랜서와 다를 바가 없다. 그러니 팀장 역시 팀원의 도움이 필요하다. 이 관점은 팀원에게도 고스란히 전달된다. 앞에 앉은 팀장의 질문이 '취조'인지 '조언을 구하는 것'인지는 팀원의 관점에 따라 갈린다.

나는 HR부서로 이동하기 전 꽤 오랜 시간 기획자로 일했다. 고객 앞에서 프레젠테이션을 할 일이 많았는데 그때마다 극도로 긴장한 나머지 턱을 덜덜 떨곤 했다. 그걸 지켜보던 선배 한 명이 한마디 조언을 던졌는데 그 후로 나는 확실히 긴장감을 풀 수 있었다. 그는 이렇게 말했다.

"넌 지금 저 사람들에게 평가를 받으러 온 게 아니야. 너에겐 저사람들이 필요한 아이디어가 있잖아. 한마디로 너는 저들을 도우려고 온 거야."

당신의 팀원도 마찬가지다. 팀장이 이것저것 취조하듯 캐물을 때와 조언을 구하듯 조심스레 질문할 때 그들은 분명 다르게 반응한다. '내가 너를 평가하겠어'가 아니라 '팀 운영에 너의 의견이 필요해'라는 마인드로 임하면 말투가 달라진다. '그건 좀 아닌데?' 같은 표현대신 '구체적으로 예를 들어보면요?' 식의 꼬리 질문을 던지면 팀원은 적극적으로 다가올 것이다. 팀장은 지금 면접관이 아니라 인터뷰어인 것을 잊지 말자.

예를 들면 이런 대응이다.

팀원 "올해 A 프로젝트 성과는 대학 학점으로 치면 A-정도였던 것 같아요."

팀장 "네? 좀 과대평가하고 있는 것 같은데… 전 B 정도 생각합니다." **X**
팀장 "그렇게 생각한 이유가 궁금해요. KPI에는 담기지 않은 정성적인 성과도

분명 있을 것 같아서요." **O**

(2) "이 사람에겐 반드시 이유가 있다."

팀장이 이야기하는 팀원들은 정말 각양각색이다. 주변 팀장들이 팀원과 면담한 이야기를 들어보면 다양한 의견들이 속출한다.

"A와 제가 같이 진행한 프로젝트인데, 팀장님은 A만 칭찬하시는 것 같아요."
"요즘 저희 팀 셀이 너무 시끄러운 것 같아요. 집중이 안돼요."
"B가 연차를 3일이나 붙여 써서 일에 지장이 많아요. 문제 있는 거 아닌가요?"

이런 이야기를 들을 때마다 '그건 00님이 너무 예민한 거 아닌가요?'라는 말이 목구멍까지 차오를 것이다. 십분 이해한다. 나 역시 그랬으니까. 하지만 그 순간을 넘기지 못하고 입 밖으로 자신의 감정을 직설적으로 내뱉는 순간 질문은 취조가 된다.

질문을 던질 때 팀장이 먼저 제공해야 하는 것은 '안전하다'는 공기다. '내가 어떤 대답을 내놓아도 팀장님은 나를 어리석다고 여기거나 잘못되었다 판단하지 않을 것이라는 믿음' 말이다. 이를 전문용어로 '심리적 안전감'이라 칭한다. 이 책에서 다루는 5가지 질문

역시 팀원과의 '심리적 안전감'을 쌓는 과정인데, 이게 참 쉽지 않다. 쌓는 데는 하세월이지만 산산조각나는 것은 한순간이기 때문이다. 이를테면 이런 식이다.

- 내 이야기를 듣던 팀장님이 '한숨'을 쉰다.
'어, 내 생각을 한심하다 여기는 건가?'

- 내 이야기를 듣던 팀장님이 '카톡'을 확인한다.
'어, 내 이야기가 중요하지 않다는 건가?'

- 내 이야기를 듣던 팀장님이 '그건 좀…'이라며 고개를 젓는다.
'어, 내가 괜히 솔직하게 말했나?'

정신과 전문의 정혜신이 쓴 『당신이 옳다』라는 책에서 섣불리 타인에게 '충조평판'하지 말라고 한 것도 같은 맥락이다. 그는 충고, 조언, 평가, 판단하지 않을 때 비로소 제대로 공감할 수 있다고 말한다. 물론 말이 쉽다. '그래도 그건 좀…'이나 '에휴…'가 반사적으로 튀어나오지 않게 하려면 충분한 시뮬레이션과 자신만의 원칙이 필요하다.

팀장은 팀원의 삶을 살아보지 않았다. 하지만 자신이 이해하지 못한다고 해서 상대가 틀린 것은 아니다. 자신이 살아온 방식을 모두에게 강요하면 꼰대고, 팀원의 방식을 팀을 위해 활용할 궁리를 하면 리더다.

팀원 "저는 사무실에 출근하면 집중이 안돼요."

팀장 "요즘 친구들은 참 별나네요. 사무실 출근은 기본 중 기본입니다." **X**

팀장 "일하는 방식이 정말 빠르게 바뀌기는 하죠. 하지만 대면 회의가 필요한 안건이 반드시 있어서 사무실 출근은 필요합니다. 혹시 출근했을 때 집 중이 잘 안되는 이유가 있을까요?" **O**

잊지 말자. 제 아무리 이해하기 어려운 이야기를 한다 해도 거기엔 '반드시 이유가 있다'. 내겐 이것이 마법의 문장이다.

(3) "나는 시간이 많다."

그 사람이 무엇을 중요하게 생각하는 사람인지 단박에 알아차릴 수 있는 방법이 있다. 그의 '캘린더'를 보면 된다. 그 안에는 그가 어디에 시간을 쓰는지가 여실히 드러난다. 한 동료 팀장이 이런 말을 한 적이 있다.

"저는 한 번도 팀원들이 '팀장님, 혹시 시간 있으세요?' 라고 했을 때 '지금은 바빠서'라고 말한 적이 없어요. 아무리 해야 할 일이 산적해 있어도 일단 노트북을 덮었어요."

그에겐 '팀원과의 소통'이 가장 중요했기에 그들에게 투자하는 시간을 아끼지 않았다. 그의 말을 듣고 나는 정말 낯이 뜨거워졌다. 내 캘린더는 10분 단위로 잘게 쪼개져 있었다. 팀원들과 면담을 해도 회전문 돌듯 팀원들이 들고 나갔다. 자꾸 휴대폰을 만지작거리고 2배속으로 질문하는 팀장을 보며 팀원들은 어떤 생각을 했을까.

'팀장님은 바쁘니까 이런 이야기까진 하지 말아야겠지?'

바쁘고 완벽한 팀장은 전혀 안전하지 않다. 이를 깨달은 후 내가 매일 아침 출근해서 가장 먼저 하는 일은 오늘 나의 일정을 팀원들에게 공유하는 일이다. '사전 예약을 가장 먼저 오픈하는 것. 일정을 공유한다는 건 '바쁜 건 맞지만 항상 우선순위는 여러분입니다'라는 메시지다.

(4) "추임새만 던질 뿐 평가하지 않는다."

팀원이 진지한 고민을 털어놓고 있다. 맞은편 팀장은 15도 정도 몸을 앞으로 숙인 채 고개를 끄덕이며 경청하고 있다. 꽤 바람직한 상황이다. 하지만 어째 팀장의 입과 손이 자꾸 옴짝달싹한다. 깜빡이를 켜고 차선을 끼어들려는 차마냥 안절부절이다.

남의 이야기가 아니다. 바로 내 이야기이다. 불과 얼마 전까지만 해도 나는 내가 꽤 잘 듣는다고 생각했다. 그러다 한 팀장이 동료들과 대화를 나누는 것을 보고 내가 이제껏 해온 것이 가짜 경청이란 것을 깨달았다. 맞은 편 팀장 역시 나처럼 제법 열심히 듣는 척을 했다. 하지만 제3자의 입장에서 보니 나와 다를 것이 없었다. 그는 지금 끼어들 타이밍을 엿보며 자신의 멘트를 생각하고 있었다. 그러면 상대의 말은 뇌에 저장되지 못한다. 팀원과의 대화를 보며 팀장의 KPI는 '대화 점유율'이 아닌 '추임새'여야 한다고 생각했다.

심지어 대화에 적극적으로 임한답시고 섣불리 던진 말 한마디가 벽을 쌓을 수도 있다. 요즘 세대를 연구하는 조직에서 일하다 보니 그런 질문을 꽤 받는다. "요즘 친구들은 주말에 뭐 했냐고 물어보는 것도 싫어하나요? 그럼 대체 무슨 말을 할 수 있는 거죠?" 이런 질문을 하는 이들은 정작 중요한 것이 무엇인지 간과하고 있는 듯하다. 젊은 세대들과 대화를 할 때 중요한 건 '질문' 자체가 아니라 '질문 앞뒤의 공기'이다. 한 번 시뮬레이션을 돌려보자. 입사한 지 얼마 되지 않아 팀장이 아이스 브레이킹 삼아 질문을 건넨다.

"00 사원님은 주말에 뭐 했어요?"

"아, 주말에 팝업 구경도 좀 다니고 친구들도 만났어요."

"요즘 친구들은 주말에도 자기계발하고 그런다던데 00 사원님은 편안한 휴식파인가봐요."

"…"

관심을 보이기 위해 던진 이 한마디가 팀원의 입을 다물게 한다. 악의없이 한 말이라지만 아직 신뢰 관계가 형성되지 않은 상황에서는 이렇게 느껴진다. '내 주말을 평가하려고 물어본 질문이었어. 나도 자기계발하거나 업계 트렌드 서치했다고 할 걸 그랬나…' 이런 식으로라면 앞으로 이 사원은 자연스레 다음 주말에 무엇을 했는지 솔직하게 이야기하지 않을 것이다. 이 대화에서 중요한 건 지금 평가받고 있는 게 아니라는 '안전한 느낌'이다.

팀장이 뭔가 코멘트를 하고, 맞춤 질문을 준비해야 한다는 부담도 내려놓자. 호기심을 갖고 듣다 보면 자연스럽게 꼬리 질문이 나오니 미리 걱정할 필요가 없다. 물론 진짜 경청을 한다는 조건하에서다.

(5) "가급적 외운다. 힘들다면 적는다."

팀 워크숍 프로젝트를 리뷰하는 자리였다. 각자 앞에 포스트잇과 매직을 놓고 의견을 적는 시간이었다. 옆자리에 앉아 있던 팀원이 슬쩍 일어나 회의실을 나갔다. 화장실에 가는가 보다 하고 하던 이야기를 마저 하는데 그가 돌아왔다. 손에는 볼펜 몇 개가 들려 있었다.

"팀장님, 매직 소리 싫어하시잖아요."

사실이었다. 나는 매직으로 뭔가를 쓰는 특유의 마찰음에 민감했다. 손톱으로 창문을 긁는 소리마냥 괴로웠다. 지나가는 말로 했던 그 이야기를 그는 기억하고 있었다. 이는 중요하게 생각하고 염두에 두려 애썼다는 이야기다. 사람 대 사람으로서 나는 그에게 감동했다. 마찬가지로 사소한 것조차 기억하려 애쓰는 팀장 앞에 마음이 동하지 않을 팀원이 있을까. 물론 이는 여러 팀원과 업무를 대해야 하는 팀장에게 유난히 어려운 일일 수 있다. '신경 쓸 일이 한두 가지가 아닌데 뭐 그런 것까지…'라는 생각이 들 것이다. 비슷한 핑계를 대려 했던 내게 자극이 되었던 상황이 있었다.

그 날 나는 우연히 다른 팀 팀원의 푸념을 엿듣게 됐다. 내가 보기엔 평소에 옆 팀장은 이야기도 잘 들어주고 애정도 많았는데 팀원들은 다르게 느끼는 것 같았다. 그들의 불만은 이랬다.

"이거 잘못됐다고 말씀드렸지. 그랬더니 알겠다고 하시더라구. 그런데 그럼 뭘 해. 달라지는 게 없는걸. 여러 번 말씀드리지 않았냐고 했더니 처음 듣는 것 같은 표정이시더라구. 뭐 뻔하지. 그냥 듣는 척만 하신 거야."

그 팀장에게도 이유는 있었겠으나 그래도 나는 내 팀원들에게 그런 존재가 되고 싶지 않았다. 팀원의 사소한 상황을 외우기 힘들다면 메모라도 해 보자. 기억하기 위한 기록은 중요하다. 하지만 때론 주객이 전도되기도 한다.

회의록이 이렇다. 때로 우리는 내용을 온전히 기록해야 한다는 생각에 매몰되어 회의의 진짜 목적을 놓치곤 한다. 회의의 목적 자체가 회의록을 기록하는 일인 것처럼 말이다. 팀장의 목적은 기록지의 완성이 아니라 '팀원을 수다스럽게 하고 이를 통해 팀원에 대해 좀 더 많은 것을 알게 되는 것'이다.

그렇다면 그간 당연하게 열고 시작했던 노트북부터 의심해 봐야 한다. '타다다닥' 뭔가 어서 뱉어내라는 듯이 기계적으로 들리는 타이핑 소리나 노트북 화면만 들여다보는 팀장의 모습이 취조받는 느낌을 줄 수 있다. 참고로 내가 아는 리더는 1 on 1에 수첩과 펜만 들고 가는데, 그분과 대화하면 내게 집중한다는 느낌을 받게 된다. 그리고 그 느낌은 생각보다 강렬하다.

(6) "'그런데…'라고 말하지 않는다."

대화를 이어가다 보면 도무지 팀원이 이해되지 않을 때가 있을 것이다. 그럴 때 보통 우리는 이렇게 말한다.

"그렇죠. (스읍…) 그런데… (생략)"

구글에서 직원들을 대상으로 커뮤니케이션 교육을 할 때 강조하는 게 있다.

"Yes, but…"이 아니라 "Yes, and…"라고 말하라는 것. 한국말로 번역하면 "그렇죠. 그런데…"가 아니라 "그렇죠. 그리고…"라고 말하라는 셈인데 이것이 생각보다 효과적인 방법이란 것을 시뮬레이션하면서 깨달았다. 예를 들어보자. 팀 회의 시간, 팀원이 다소 허무맹랑한 아이디어를 내놓았다. 현실성이 없었고 방향도 어긋났다. 속으로 나는 이렇게 생각하고 있었다.

'재밌네. 그런데 현실성이 너무 없는데?'

모두가 알 것이다. 앞단에 던진 '재밌네요' 이 말이 부정적 피드백을 하기 위한 쿠션 멘트란 것을 말이다. 그리고 속마음을 그대로 뱉어내려는 순간, 그날 아침 읽은 기사가 떠올랐다. 같은 말이라도 "Yes, but"이 아니라 "Yes, and"라고 표현해 보라는 바로 그 글이었다. 그래서 슬쩍 표현을 바꿔 말했다.

"재밌네요. 거기에 현실성을 가미하려면 어떤 조치가 필요할까요?"

효과는 생각보다 빨랐다. 현실성 문제를 깨달은 그는 본인의 아이디어를 재빨리 철회했고, 우리는 다시 회의 주제로 돌아갈 수 있었다. 그리고 그는 주눅들지 않고 본인의 또 다른 아이디어를 적극적으로 개진했다. 결국 그 회의의 결론은 그의 또 다른 아이디어에서 나왔다. 만약 'Yes, but'을 곧이곧대로 이야기했다면 위축된 그가 다른 의견을 내지 않았을 것이다. 경험의 폭이 좁을 수밖에 없는 저연차 팀원일수록 더 그렇다. 팀장의 경험은 분명 효율적인 판단 잣대일 수 있지만, 때론 그 경험치가 팀원을 위축되게 만든다. 그럴 땐 이것만 기억하자.

"좋아요. 그런데…"라는 말은 절대 금지다.

(7) "영혼 없는 끄덕끄덕은 반드시 틀통난다."

'경청'이 리더의 기본 덕목이 된지 오래다. 경청을 위한 스킬 교육도 참 많이 들었을 터인데, 대개는 경청하는 모습을 적극적으로 표현하라고 배웠을 것이다. 이론상으로는 맞는 말이지만 진정성이 결여 되었을 때 팀원들은 이를 생각보다 쉽게 눈치챈다.

"요즘 팀장님들은 되게 고개를 열심히 끄덕이세요. 처음엔 공감해 주신다고 느꼈는데 이제는 영혼이 없다고 느껴요. 한 번은 제가 말이 꼬여서 아까 했던 말과 완전 반대되는 이야기를 했는데, 팀장님은 그때도 끄덕이고 계셨어요. 다른 생각을 하시면서 듣고 계셨던 거죠. 그냥 의미없이 고개만 끄덕이면서요."

그 의심이 2배가 되는 상황은 위에서 언급한 것처럼 시선이 팀장 자신의 노트북에 꽂혀 있을 때다. 고개는 영혼 없이 끄덕이는데 시선마저 노트북 화면에 가 있으니 이 사람이 나와 대화를 하는 건지 친구와 카톡을 하며 저녁 메뉴를 고민하고 있는 것인지 당최 알 도리가 없다. 그리고 많은 경우 이런 사소한 의심은 큰 오해를 만든다.

(8) "나도 부족하다. 자주, 많이."

'라떼는 말이야'는 꼰대의 관용어가 됐다. 이로 인해 본인의 이야기를 꺼내 놓는 것 자체를 터부시하는 리더도 참 많이 봤다. 하지만 라떼라고 다 같은 라떼는 아니다. 그중 어떤 라떼는 도리어 팀원들의 마음을 여는 열쇠가 될 수도 있다. 대표적인 게 '실패와 좌절 이야기'다.

동료 팀장, 여러 신입사원들과 함께 식사를 하고 있던 나는 라떼이야기로 괜히 분위기를 망칠까 조심스러웠고 팀원들도 고연차 직책자를 부담스러워했다. 조용한 분위기가 이어지던 중 한 신입사원이 못 견디겠다는 듯 내 옆에 앉은 팀장에게 질문을 던졌다. 지금 생각해도 마가 뜨는 것이 싫어 던진 형식상의 질문이었지만, 그 물음으로 인해 그날 자리는 꽤 화기애애해졌다.

"팀장님은 저희 같은 신입사원 때로 돌아가면 뭘 해 보고 싶으세요?"

그 팀장은 잠시 생각하더니 이렇게 말했다.

"흠, 전 돌아가고 싶지 않아요. 그때 너무 힘들고 치열하게 살아서요."

'라떼는 말이야'라며 소싯적 자랑 이야기가 나올 것이라 예상했던 신입사원들은 팀장의 좌충우돌 신입사원 시절 이야기에 눈이 번쩍였다. 모종의 동질감과 위로를 느끼는 듯 했다. 그때 깨달았다.

'리더가 자신의 고민과 취약점을 꺼내놓았을 때 팀원은 귀담아 듣는구나.'

팀장마다의 커뮤니케이션 방식이 있다. 팀장과 팀원들과의 거리도 각양각색이다. 나는 좀 깐깐한 팀장 축에 속한다. 빈틈없어 보인다는 말도 자주 듣는다. 그래서였을까. 내 팀원들도 내게 빈틈없는 모습을 보이려 애썼다. 이를 파악한 뒤 의도적으로 나의 실책과 취약성에 대해 이야기하기 시작했다. 그러자 팀원들도 하나둘씩 입을 열었다. '우리 팀장님도 저렇게 실수하고 그랬는데 나라고 완벽하겠어?' 싶은 공기가 우리 팀에 깔렸다. 예를 들어 이런 것이다.

팀장 "지금 프로젝트를 성공적으로 수행하기 위해 필요한 도움이 있을까요?"

팀원 "아…(솔직하게 말해도 되나?) 글쎄요."

팀장 "제 이야기를 해 볼까요? 예전에 제가 3년 차였을 때 비슷한 프로젝트를 한 적이 있었는데요. 그때 아주 큰 실수를 한 적이 있었어요. 회사에 큰 손해를 끼칠 뻔했던지라 정말 아찔했는데요. 복기해 보니 그때 필요했던 건 유관부서와의 긴밀한 공조 시스템이었어요. 지금 OO프로젝트에도 그런 게 있을 것 같은데…."

팀원 "아, 그러셨구나. 사실 저도 걱정되는 게 조금 있는데요…."

이렇게 그들은 서서히 단단히 닫힌 빗장을 열기 시작했다.

(9) "들어주는 것만으로 충분하다."

아마 이 글을 읽는 분 중에 이런 하소연을 하는 분도 있을 것 같다. "다 좋은 말이죠. 그런데 질문해 봤자 뭐 합니까. 팀원들이 원하는 거 어차피 다 들어줄 수 있는 것도 아닌데요. 괜히 희망 고문만 하는 것 같고요. 저는 이미 들어버렸으니 그거 못 들어주면 무책임한 리더밖에 더 되겠어요?"

팀장이 던지는 질문의 목적은 '말만 해, 다 들어줄게'가 아니라 '너의 의견이 우리 팀에 필요하고 중요해'이다. 내가 함께 했던 리더들로부터 존중받는다고 느꼈던 것은 그들이 나의 의견을 다 이행해서가 아니다. 그분들은 내게 묻고, 내 생각을 듣는 데에 귀중한 팀장의 시간을 기꺼이 썼다. 그런 팀장의 노력이 켜켜이 쌓여 신뢰의 탑이 되었다.

이는 비단 팀원과의 대화에만 해당되는 것이 아니다. 얼마 전 동료 팀장에게 의외의 말을 들은 적이 있다. 그는 대뜸 덕분에 문제가 원만하게 해결됐다며 고맙다고 했다. 도와드린 기억이 없어서 조심스럽게 다른 이와 착각하신 게 아니냐 여쭈었더니 너털웃음을 지으며 이런 말을 했다.

"그때 같이 밥 먹으면서 제가 팀 고민 이야기했었잖아요."

그제야 기억이 났다. 분명 고민을 듣긴 했지만, 뾰족한 방법이 떠오르지 않아 그냥 듣고만 있었는데 갑자기 해결이라니 어리둥절했다.

"그때 윤경 팀장이 제게 계속 질문을 했어요. 근데 사무실에 복귀해서 제가 윤경 팀장한테 한 답변을 복기하다 보니까 해결책이 보이더라고요. 그 후로는 다른 팀장들이 고민이 있다고 하면 윤경 팀장을 찾아가라고 해요. 질문을 받다 보면 길이 보일 거라고요."

나는 나의 팀원들과 그런 시간을 쌓아가고 싶다.

(10) "팀원을 당황하게 하지 않는다."

이 항목은 질문할 때 지켜야 할 10가지 중 가장 힘주어 말하고 싶은 것이다. 적어도 질문받는 팀원을 '당황하게' 해선 안된다.

대화를 편안하게 이끄는 방법 중 하나는 어떤 대화가 오갈지 '예측 가능하게' 하는 것이다. 아무리 말랑말랑한 질문이라도 직책자가 던지는 질문이 마냥 편할 수는 없지 않을까. 이럴 때 답변을 미리 생각하면 팀원의 마음도 편하고, 팀장으로서도 훨씬 알찬 이야기를 들을 수 있다.

팀원 "혹시 다음 주 1 on 1에서 어떤 이야기를 하게 될지 알 수 있을까요?"

팀장 "제가 좀 바빠서 아직 준비를 못했어요. 뭐 그냥 평소에 하고 싶었던 말이나 나누죠." **X**

팀장 "안 그래도 주제를 이렇게 생각해 보았습니다. 이 외에도 하고 싶은 이야기 있다면 추가해도 좋아요." **O**

조금 더 욕심을 내보자면 나눌 대화의 주제를 인쇄해서 준비하는 것을 추천한다. 아래 사진은 내가 속한 조직에서 디자인한 대화 카드다. 앞면엔 질문이, 뒷면엔 그 질문의 의미와 예시가 적혀 있다. 물론 이렇게까지 디자인할 필요는 없다. 텍스트만 출력해서 함께 보는 것만으로 충분하다. 이럴 경우 더욱 주제에 집중할 수 있고, 무엇보다 이렇게까지 준비한 팀장의 정성이 팀원의 긴장을 녹

일 수 있다.

지금까지 5가지 질문과 그 질문을 던지기 전 지켜야 할 10가지를 훑었다. 하지만 여기까지 읽은 여러분의 한숨이 들리는 것 같다.

'다 맞는 이야긴데요. 솔직히 엄두가 나지 않네요. 팀원 개별 상황도 파악해야 하고, 안전감을 줄 수 있는 대화 스킬도 가져야 하고….'

부담감에 지금 당장 이 책을 덮어버리고 싶을지도 모르겠다. 하지만 한 번 책장에 들어간 책은 좀처럼 다시 당신의 손에 들리지 못한다. 이 책이 당신의 팀장 생활에 반드시 도움이 될 거란 확신을 갖고 당신을 '계속' 읽게 하기 위해 2가지 팁을 제시한다.

첫째. 팀원이 아닌 '당신'에게 질문하며 읽어보자.

이 책을 쓰며 나도 슬럼프에 빠지곤 했다. 여러분과 마찬가지로 일이 너무 많았고, 원고는 좀처럼 진도가 나가지 않았다. 그때 내가 멈추지 않을 수 있었던 이유는 '나 스스로'에게 질문하며 썼기 때문이다. 팀원에게 질문하기 앞서 나에게 먼저 질문했고, 스스로 답하는 과정을 반복했다.

'나는 어떤 팀장으로 기억되고 싶지?'
'나는 어떤 상황에 성과가 좋았지?'

'나는 언제 신나게 일했지?'

'나는 어떤 상황을 유난히 불편하게 느꼈지?'

'나는 지금 어떤 도움이 필요하지?'

질문을 하자 신기하게도, 바쁜 일상에 치여 들여다보지 못했던 나의 경험과 감정이 장마철의 비처럼 쏟아져 내렸다.

그렇다. 질문은 스스로 답을 찾게 해준다. 그리고 그 느낌이 쌓일수록 팀원들과 그런 순간들을 같이 만들어 보고 싶다는 욕심이 커질 것이다.

여러분에게도 권하고 싶다. 팀원에 앞서 스스로에게 5개의 질문을 던져 보자. 업무에 치여 단 한 번도 고민해 보지도, 정의해 보지도 못한 자신의 모습을 발견할 수 있을 것이라 확신한다.

둘째. 처음부터 끝까지 읽지 말자.

아무리 재미있는 드라마도 20부작을 넘어가면 엄두도 못 낼 때가 있다. 책도 마찬가지다. 처음부터 끝까지 정독하지 않아도 된다. 지금 내게 필요한 부분만 검색하듯, 유튜브 쇼츠를 보듯 찾아 읽어보자. 이 책에서 다룰 5개 질문은 꽤 보편적이지만 특별히 필요한 상황이 있다. 예를 들어 요즘 들어 부쩍 무기력해 보이는 팀원과 1 on 1을 할 때 가장 적절한 질문은 세 번째 질문인 '당신을 동기부여하는 것은 무엇인가?'일 것이다. 과거 몰입해서 신나게 일했던 순간을 복기하며 다시 그 에너지를 찾을 힌트를 얻을 수 있을 테니 말이다.

입사 첫날의 신입사원과 마주앉았다면 첫 번째 질문, '당신은 어떤 팀원으로 기억되고 싶은가'를 물어보자. 대개 입사 첫날 팀장은 '회사'와 '팀'에 대한 이야기를 한다. 조직은 이렇고, 팀은 이런 목표를 가지고 있다는 이야기를 하며 팀원이 여기에 빠르게 합류하기를 요구하기 마련이다. 하지만 이에 앞서 팀원 개인의 목표를 물어본다면 어떨까? 나답게 일하길 원하는 이른바 '요즘 팀원'들에게 분명 강한 동기부여의 순간이 될 것이라 믿는다.

자, 이렇게 2가지 팁까지 제시했다. 모쪼록 여러분이 다음 페이지로 넘어갈 이유를 찾았길 바라며 첫 번째 질문으로 다음 장을 시작한다.

"당신의 팀원은 이 조직에서 어떤 존재로 기억되고 싶을까?"

CHAPTER 2

당신은 어떤 팀원으로
기억되고 싶은가?

당신은 지금 팀원과 마주 앉았다. 온보딩을 위한 자리일 수도 있고, 매달 진행하는 1 on 1일 수도 있다. 어떤 팀장은 앉자마자 준비해온 질문을 훅 들이밀 수도 있다. 아마 높은 확률로 순식간에 회의실 공기는 심문실 모드로 전환될 것이다. 이것이 바로 내가 가장 자주 했던 실수다. 분위기를 고려하지 않고 깜빡이도 켜지 않고 사정없이 들이미는 것.

그런데 나도 요즘은 좀 달라졌다. 팀원이 좀 더 편하게 이야기할 거리를 먼저 찾으려 애쓴다. 평소에 자주 했던 이야기에서 소재를 찾는 것도 방법이다.

예를 들어보자. A는 야무지고 솔직한 사람이었다. 그는 친구들 이야기를 자주 했다. 그래서 편하게 물었다.

"A는 학교 다닐 때 어떤 학생이었어요?"

교환 학생차 유럽에 갔던 것부터 홍보대사 시절까지, 이야기는 소시지처럼 꼬리에 꼬리를 물었다. 그러다 이정표가 되는 말이 나왔다.

"생각해 보면 저는 늘 하고 싶은 게 참 많았던 것 같아요."

드디어 제대로 질문할 타이밍이 왔다.

'이 조직에서의 목표는 무엇인가?'

"그럼, 이 조직에서는 어떤 존재이고 싶으세요? A도 저도 언젠가 이 회사를 나갈 날이 올 거잖아요. 그때 동료들에게 듣고 싶은 말이 있을 것 같은데."

나는 대개 함께 하게 된 팀원에게 아이러니하게도 퇴사하는 날 가장 듣고 싶은 말을 질문으로 던졌는데, 계기가 있다.

몇 년 전 한 동료가 퇴사했다. 퇴사가 드문 시대는 아니건만 유난히 그의 퇴사는 내 기억에 꽤 선명하게 남아 있는데 그건 그가 남긴 마지막 메일 때문이었다. 그는 동료들에게 이런 글을 남겼다.

"안녕하세요. 동료로서 드리는 마지막 메일입니다. 〈대학내일〉에서 7년을 꽉 채워 일했습니다. 우당탕탕 정신없는 모습도 많이 보였고, 때로는 어설픈 패기로 동료 여러분을 힘들게 했던 것도 같습니다. 하지만 이것만은 기억해 주셨으면 좋겠습니다. '000은 참 뜨거운 열정을 가졌던 마케터였어.' 그렇게 기억된다면 정말 기쁠 것 같습니다. 그간 함께 해주셔서 감사합니다."

그 후로도 자주는 아니었지만 1년에 한 번쯤은 퇴사자들의 메일을 받았다.

한 후배는 '콩나물처럼 부쩍부쩍 성장한 사람'으로 기억되고 싶다고 말했고, 한 선배는 자신이 '조직 밖에서도 또 보고 싶은 사람'으로 남길 원했다. 동료들을 떠나보내는 저릿저릿한 심정으로 그 메일을 읽으며 나의 마지막을 생각하지 않을 도리가 없었다. 직장인이라면 누구나 마지막은 퇴사의 과정을 거친다. 내게도 그날은 올 것이다. 그때 나는 동료들에게 어떤 내용을 담은 퇴사 메일을 쓰게 될까? 이 고민은 오래 걸리지 않았다. 명료했기 때문이다.

"진심으로 돕고자 늘 최선 이상을 하려 했던 동료로 기억된다면 더 바랄 게 없을 것 같습니다."

나는 왜 누구나 흔히 생각해 낼 법한 '일을 끝내주게 잘하는', '성실했던', '최고의 성과를 냈던'이 아니라 '진심으로 돕고자'라는 표현을 골랐을까? 여기엔 분명 이유가 있다. 그리고 그 이유는 나를 좀 더 몰입하게 하는 동기가 된다.

인생을 더 야무지게 잘 살고 싶은 사람은 한 번쯤 자신의 묘비명을 적어봐야 하는 것도, 일을 잘 해내고 싶은 사람이 자신의 퇴사 메일을 적어봐야 하는 것도 바로 이런 이유다. 마지막을 생각해야 비로소 보이는 게 있다. 나의 한정된 에너지와 시간을 가장 먼저, 그리고 가장 크게 써야 할 곳이 어디일지 말이다. 그게 이 질문의 진짜 목적이다.

마지막을 생각하면 지금 해야 할 일이 보인다

다시 팀원 A와의 대화로 돌아가보자. 마지막에 어떻게 기억되고 싶냐고 묻자 그는 정확히 이렇게 말했다.

"저는… 꿈을 꾸던 존재요."

꿈이라니. 답변 시뮬레이션에 등록되어 있지 않은 단어였다. A는 보수적인 기업에서 일하다가 우리 회사로 이직한 팀원이었다. 그곳에선 보고 단계에서 번번이 좌초되던 일들이 이곳에선 이뤄진다며 그는 참 신나게 일했다. 그의 히스토리를 복기하자 그가 말한 '꿈'이 단박에 이해됐다. A는 실제로 곧잘 꿈을 현실로 만드는 재주를 가지고 있었다.

계속해서 물었다.

"그런 존재로 기억되기 위해 무엇을 해 볼 수 있을까요?"

실은 이게 진짜 질문이었다. 건강할 때 묘비명을 쓰는 건 잘살기 위해서다. 죽는 순간 후회하지 않으려면 해야 할 것과 하지 말아야 할 것이 명확해진다. 갓 입사한, 혹은 열심히 일하고 있는 팀원에게 '마지막 날'을 물으면 그날을 만들기 위해 '오늘 해야 할 일'이 그려진다.

A는 이 업계를 좀 더 공부해야겠다고 답했다. 허무맹랑한 꿈이 아니라 아직 시도해 보지 않았을 뿐인 아이디어를 실행시키려면 제대로 알아야겠다고 했다. 업계뿐 아니라 고객의 심리도 파봐야겠고, 이를 가능하게 하는 통계 프로그램도 공부해 봐야겠다며 순식간에 분주해졌다. 결국 꿈꾸던 존재로 기억되고 싶다는 A에게 'TO DO 리스트'를 안겼다.

다른 팀원 B의 대답은 이랬다.

"저는 따뜻한 동료로 기억되고 싶어요."

또 물었다. 그러려면 뭘 해야 하냐고. 한참을 고민하던 그가 입을 열었다.

"지레짐작하면 안 될 것 같아요."

B는 평소 활력이 넘쳤다. 적극적으로 동료들을 도우려 했고 일을 주도적으로 진행했다. 하지만 때론 그 열정이 일을 그르칠 때도 있다고 했다.

"도우려는 마음이 앞서서 저도 모르게 선을 넘을 때가 있어요.

동료들의 상황이나 니즈도 잘 모르는 상태에서 지레짐작하고 의견을 내면 그게 결국 문제를 만들더라구요. 사실 지난주에도 그런 일이 있었어요. 옆 팀 동료가 기획안을 쓰면서 뭐가 잘 안 풀리는지 고민을 하기에 좀 도와줘야겠다 싶었거든요. 그래서 나서서 봐주겠다고 했죠. 그런데 그게 실수였던 것 같아요. 본인이 역량이 부족해서 간섭한다고 생각했더라구요. C에게 필요했던 것은 기획안 아이디어가 아니라 자신감과 용기였는데 제가 그걸 몰랐어요."

놀랍게도 이 또한 팀장으로서 내가 해주고 싶었던 조언이었다. 돕고 싶은 마음에 무턱대고 나서기보다 문제의 본질과 맥락을 좀 더 이해하고 나서보자는 이야기를 하고 싶었다. 난 그저 질문했을 뿐인데 팀원은 내 질문에 답을 하며 스스로 깨달았다. '무엇이 나에게 필요한가'에 대한 깨달음은 상사의 그 어떤 지시보다 힘이 세다. 이 노력은 결국 '나'를 위한 것이란 것을 알기 때문이다.

마지막 날 '늘 배우고 성장했던 사람'으로 기억되고 싶다면 오늘도 뭔가를 배워야 한다.

마지막 날 '인사이트풀한 사람'으로 기억되고 싶다면 오늘도 인사이트를 파고들어야 한다.

마지막 날 '대체 불가한 사람'으로 기억되고 싶다면 오늘도 나만이 할 수 있는 것을 찾아 나서야 한다.

팀장은 생각한다. '팀원들이 시키는 일만 하려고 하는 게 아니라 자기 일처럼 일해줬으면 좋겠어.'

팀원은 생각한다 '이곳에서 정체되고 소모되고 싶지 않아. 나답게 성장하고 싶어.'

실은 이 말은 같은 말이다. 일의 주인이 되어달라는 말, 일의 주인이 되고 싶다는 말인 것이다. 결국 일의 주인이 되려면 '욕심'을 가져야 한다. 그리고 그 욕심은 마지막 날의 그림이 만들어 줄 수 있다고 믿는다. 그런데 팀원에게 이 질문을 던지기에 앞서 해야 할 일이 있다.

팀장 스스로 물어봐야 한다.

'나는 어떤 팀장으로 기억되고 싶은가?'

이 책을 읽고 있을 팀장에게도 언젠가 마지막 출근날은 온다. 이미 깨끗하게 정리해 놓은 자리에 팀원 몇몇이 쪽지를 두고 갔다. 복잡한 마음으로 쪽지를 편다. 무엇이 쓰여있을까. 무엇이라 쓰여있으면 좋을까. 잠시 멈추고 머릿속으로 한 줄을 채워보자.

"＿＿＿＿＿＿＿＿＿＿＿＿＿＿＿"

나는 쪽지에 이렇게 적혀 있길 꿈꾼다.

"사실 때론 대하기 어려웠지만 팀장님은 늘 팀원들에게 진심이었던 것을 알아요."

나는 편한 팀장은 아니다. 목표가 세워지면 일단 차갑게 돌진하는 불도저다. 계절로 치면 겨울, 물건으로 치면 긴 칼 같은 존재에 가깝다. 그래서 마음을 다친 팀원도 있었고 내 속도에 힘겨워하는 팀원도 없지 않았다. 하지만 한 가지는 자부할 수 있다. 나는 팀원들이 신나게 성장하며 일할 수 있는 환경을 만들고 싶었다. 그리고 그 진심을 팀원들도 느낄 수 있도록 노력해 왔다. 그래서 던지기 시작한 것이 다섯 가지 질문이었다.

그렇다면 당신은 어떤 리더일까. 그리고 어떤 리더가 되고 싶은가.

여러분이 지금 이 책을 읽고 있는 것은 빈칸 속을 채운 그런 팀장으로 기억되고 싶어서가 아닐까. 결국 팀장의 질문은 팀원이나 조직을 위해서 던지는 것이 아니다. 팀장 자신을 위해서다.

회사의 주인은 못되어도
내 시간의 주인일 수 있게끔

좀 재미없고 어려운 질문을 던져 보자.

'기업과 직원은 어떤 관계일까?'

'뭐 고용하고 고용 당하는 관계 아닌가요?'

아마도 이 정도의 답변이 많이 나올 것이다. 그렇다면 다음 질문을 던져 보자.

'기업의 목적은 무엇일까?'

십중팔구 무의식중에 이런 답이 튀어나올 것이다.

'쉽죠. 기업의 목적은 당연히 이윤의 추구죠.'

왜 그렇게 생각하냐고 묻기엔 딱히 이유가 없다. 그냥 애국가 외우듯 외웠고, 당연한 명제로 배웠기 때문이다.

'기업의 목적 = 이윤의 추구'. 맞는 말이다. 기업이 지속 가능하기 위해선 이익을 내야 한다. 하지만 시대가 빠르게 변하고 있다.

맹목적으로 이윤만 쫓는다고 이익을 낼 수 있는 건 아니다. 이윤을 창출하는 것은 결국 직원이고, 이들은 예전처럼 월급만 준다고 몰입하지도, 근속하지도 않는다. 따라서 이들을 동기부여 하지 않으면 이익도, 지속가능성도 없는 셈이다. 유수의 기업들이 수익에 직접적인 영향을 주지 않는 조직문화에 점점 더 큰 예산을 쓰는 것이 그 변화의 증거다. 그럼 다시 맨 처음 질문으로 돌아가보자.

'기업과 직원은 어떤 관계일까?'

단순히 수익창출을 최대의 목표로 생각하는 시대에서 직원들의 동기부여를 최우선으로 꼽는 시대가 됐다. 그 변화의 대표적인 주자는 SK다.

SK는 경영목표를 '행복'으로 내세운다. 이 행복의 중요한 주체 중 하나는 바로 '구성원'이다. 구성원은 단순히 이윤을 창출하고 돈을 벌어다 주는 '수단'이 아니다. 직원들은 상명하복 시대에 살고 있지 않다. 무턱대고 헌신하는 시대도 지났다. 일 자체에 행복을 느끼는 구성원은 누가 시키지 않아도 몰입하고 조직의 빅팬이 되어 소문을 낸다. 이곳에서 일하는 것이 즐겁고 의미있다고 주변 사람들에게 스스로 기업 홍보를 한다. 이런 과정으로 더 뛰어난 인재들이 이곳으로 몰리고 기업은 더 큰 이윤을 얻게 된다. 구성원이 수단이 아니라 목적이 되는 이 흐름은 머지않아 많은 기업들의 교과서가 되어 있을 것이라 확신한다.

반대 사례도 있다. 한 굴지의 대기업 회장님의 말 한마디가 크게 화제가 된 적이 있다. 어느 날 불시에 사무실을 순찰했는데 직원들의 근무 태도가 영 마음에 들지 않았던 모양이다. 그는 격노해서 이런 말을 했다고 한다.

"내가 너희들을 먹여 살리는 보람을 느끼게 해달란 말이야!"

전형적인 구식 프레임이다. 조직이 직원을 '고용해 주는 것'. 그래서 조직의 미션에 맹목적으로 헌신하라고 요구하는 것이다. 하지만 회장의 한 마디에 그 회사의 익명 게시판은 그야말로 불이 났다. CEO의 생각을 알고 나니 그간 열심히 일했던 것을 후회한다는 댓글이 수천 개가 달렸다.

직원을 '수단'으로, '을'로 대하는 것은 거대한 리스크다. 요즘 세대가 유별나서 그런 게 아니라 이젠 시대의 흐름이다.

그러니 팀장이 던져야 할 첫 번째 질문은 '당신은 어떤 성과를 낼 겁니까?'가 아니라 '당신은 어떤 팀원으로 기억되고 싶습니까?'여야 한다. 이 질문에 당신은 수단이 아니라 일의 목적이자 주인일 수 있다는 암묵적인 의미가 담겨 있다.

말은 멋지지만 너무 이상적인 것 같다면 좀 더 마음에 와닿는 장면을 꺼내 보자. 애니메이션 〈슬램덩크〉의 한 장면인데 조직문화와 리더십을 공부할 당시 내게 다가온 가장 뭉클한 장면이었다.

북산의 선수들은 몸을 아끼지 않고 뛴다. 덕분에 약체 북산은 누구도 예상치 못한 감동적인 경기를 선보인다. 이때 주장 채치수가 팀원들에게 이렇게 말한다. (참고로 채치수는 까칠하고 우직한, 요즘말로 극T인 캐릭터다.)

"고맙다…."

같은 리더로서 눈물이 찔끔났다. 자기 한 몸 아끼지 않고 팀을 위해 헌신하는 팀원들을 보며 나도 느꼈던 감정이라 그랬던 모양이다. 하지만 찐한 감상은 거기까지였다. 다음 장면에서 팀원들이 채치수에게 득달같이 달려들어 어이없다며 난동을 피운다.

"무슨 웃기는 소리야! 난 내 자신을 위해서 하는 거야!"

"고릴라를 위해서가 아냐!!"

"맞아! 날 위해서! 내 자신의 승리를 위해서야!"

그렇다. 북산 선수들은 그저 자신을 위해 농구를 한 것이다. 그 결과가 팀에 믿기지 않는 승리를 가져왔다. 하지만 이 모든 것이 어쩌다 맞아떨어진 우연일 리 없다. 이것이 바로 주장 채치수와 감독인 안 선생이 보여준 '얼라인 하는 리더'의 힘이다. 그래서 나는 조직은 리더빨이라고 굳게 믿는다.

한 50대 금융사 임원으로부터 옛날 이야기를 들은 적이 있다. 삶의 우선순위가 업무였던, 그야말로 '월화수목금금금' 시절의 이야기였다. 그때 나는 이렇게 반응했다.

"와, 정말 헌신적이셨네요."

"아, 헌신은 솔직히 아니었어요. 그냥 일이 재밌었어요. 솔직히 그때 조직을 위해 일한 게 아니라 나를 위해 일했거든요."

지금은 우국충신의 시대가 아니다. 월급을 넉넉히 줄 테니 팀과 조직을 위해 일당백을 하라고 강요할 수 없다. '일당백을 하면 100명분의 월급을 주실 거냐' 되물을 게 뻔하다. 그렇다면 팀장에게 남은 선택지는 의외로 단순해진다. 팀원이 일의 주인이 될 수 있게 도와야 한다. 이것이 당신이 팀원에게 마지막 날 어떤 존재로 기억되고 싶은지 물어야 하는 이유이다. 조직이 할당한 목표가 아니라 내가 세운 나의 목표를 갖고 일할 수 있게끔, 그래서 일의 주인이 되어 일할 수 있게끔 말이다.

진짜 질문을 던졌다면 진짜 답변을 얻어내자

예전 기획자 시절부터 상대의 의견을 유도하기 위해 자주 쓰는 방법이 있었다. 딱 네 글자로 시작한다.

"예를 들면"

팀원과의 대화에서도 이 방법은 통용된다. 질문을 던졌을 때 주저하거나 제대로 이해하지 못한 기색이 보일 때 팀장은 쉬운 예를 들며 대화를 이어갈 수 있다. 팀장의 엔드픽처를 먼저 공유하는 것 역시 마찬가지 맥락이다. 하지만 언급해서는 안 되는 예도 있다. 바로 '부정적인 사례'다.

"좀 더 쉽게 예를 들자면 작년에 퇴사한 P 대리가 있겠네요. 그 친구가 퇴사할 때 팀원들이 다 그랬어요. 이제 마음 편하게 일할 수 있겠다고. P 대리가 좀 까칠한 데가 있어서 그 친구 있는 회의에선 다들 살얼음판을 걷는 것 같았거든요. 최악의 엔드픽처였죠. OO님은 절대 그럴 일이 없겠지만요. 자, 어떤 동료로 기억되고 싶은가요?"

사실 여부를 떠나서 이 사례를 듣는 순간 리더와 조직의 부정적인 시각이 느껴진다. 나도 잘못하면 '찍히겠다'는 불안감이 들 수밖에 없다. 그러다 보면 자신의 솔직한 목표 대신 팀장이 좋아할 것 같거나 팀원들이 선호할 것 같은 면접용 답변을 늘어놓게 된다. 예를 들면 이런 답변이다.

"저는 우리 회사가 글로벌 TOP3 안에 들 수 있게 일조하고 싶습니다. 팀 안에선 늘 겸손하고 동료들과 협업하려 애쓰는…."

팀장이 들어야 하는 건 이런 상투적인 답안이 아니다. 그보다 '이런 말까지 해도 될지 모르겠지만…'의 그다음 말이 더욱 알짜배기다.

"이런 말까지 해도 될진 모르겠지만, '너 이직한다고 하니까 나도 그 회사로 이직하고 싶더라. 그만큼 같이 일한 시간이 좋았어.' 이런 쪽지 받으면 참 행복할 것 같아요."

물론 그런 대답을 이끌어낼 수 있는 건 결국 '평가하려는 게 아냐. 알고 싶어.'라는 안전한 공기다.

CHAPTER 3

당신의 강점은
무엇인가?

팀장이 반드시 던져야 할 두 번째 질문이다.

"당신의 강점은 무엇인가?"

팀장이 팀원들의 강점을 알아내기 위해 질문을 하라고 해서 대뜸 문장 그대로 'OO님은 강점이 뭔가요?'라고 묻지는 말자. 우리가 하려는 것은 면접이나 취조가 아니다. 자기소개서에 쓰이는 판에 박힌 이야기 말고 진짜 답을 듣기 위해 우린 좀 더 살아 있는 질문을 할 필요가 있다.

일단 다음 5개의 질문 중 가장 입에 잘 붙는 것을 선택해 보자. 시간이 넉넉하다면 여러 개를 순차적으로 질문해도 좋다. 이마저 헷갈린다면 좀 더 가볍고 난도가 낮은 1, 2 ,3번 질문으로 시작하는 것을 추천한다.

① 일할 때 시간가는 줄 모르고 빠졌던 경험이 있나요? (*추천)

② 다른 사람들은 어려워하는 일을 쉽게 처리한 적이 있나요? (*추천)

③ 들었던 칭찬 중 기억 남는 게 있나요? (*추천)

④ 업무를 하면서 반복되는 짜증이나 불만이 있었나요?

⑤ 강점 진단을 받아보았다면 어떤 키워드가 나왔나요?

5개의 질문마다 숨은 의도가 있다. 이 부분까지 숙지하고 질문하면 훨씬 능수능란하게 대화를 이끌어갈 수 있을 것이다. 유난히 공감이 가고 입에 잘 붙는 질문이 있다면 그것을 단골 삼아도 좋다.

첫 번째 질문부터 차근차근 살펴 보자.

① 일할 때 시간가는 줄 모르고 빠졌던 경험이 있나요?

이 질문을 할 때는 한 가지 염두에 두어야 할 것이 있다. 여기서 '시간 가는 줄 몰랐다'는 것은 실제 물리적 시간이 부족해서 쫓기듯 일하는 상황을 말하는 것이 아니다. 너무 몰입해서 일하다 보니 시간이 가는 것도 잊을 정도로 흠뻑 빠져들었던 순간을 찾아보자는 것이다. 업무의 고속도로를 탔다고 생각하면 쉽다. 중간에 쉴 필요도, 딴짓을 할 마음도 들지 않을 정도로 집중하는 상태를 말한다. 이런 식으로 일을 하면 본인도 즐겁고 성과도 뛰어날 수밖에 없다.

이를 테면 이런 반응들이다.

A "콘텐츠를 기획하고 이를 스토리텔링하는 시간이요. 머릿속에 들어있던 것을 장표로 풀어놓을 때 쾌감이 장난 아니에요. 그럴 때 시간이 이렇게 갔나 싶을 때가 많았어요."

B "엑셀 만질 때요. 빼곡히 들어선 숫자 속에서 인사이트를 끄집어낼 때면 시간 가는 줄 모르겠어요."

C "자료를 조사할 때요. 여기저기 커뮤니티를 돌아다니면서 자료를 수집할 때 그래요. 이런 건 주말에 해도 불만이 없어요."

D "사람들과 대화하는 것이 즐거워요. 워낙 공감형 캐릭터이다 보니까 많은 분들이 저한테 이런저런 이야기를 많이 털어놓으세요. 신기한 게 이런 이야기를 듣다 보면 제가 도움을 줄 수 있는 게 있더라구요. 고민하고 있는 주제를 잘 아는 사람을 소개해 준다던지, 어디서 읽었던 기사를 보내준다던지 하죠. 그 순간이 너무 신나고 시간 가는 줄 모르겠어요."

이것이 바로 각자의 큰 바퀴를 신나게 굴리고 있는 순간이다. 이를 나눴다면 이제는 좀 더 파고들 차례다. 거기에 '왜 그렇게 몰입했는지'를 묻는 것이 다음 질문이다.

"그럼 그것을 지금하고 있는, 혹은 앞으로 하게 될 업무에 어떻게 적용해 볼 수 있을까요?"

② 다른 사람들은 어려워하는 일을 쉽게 처리한 적이 있나요?

이 질문을 던지면 열에 아홉은 자신 없는 표정을 지을 것이다.

'흠, 근데 다들 이 정도는 하지 않나요?'라는 의구심을 갖기 때문이다. 다시 말해 내가 강점이 있어서 이 일을 쉽게 처리한 게 아니라 일의 난도가 낮거나 다들 이만큼은 으레 하는 것이라 여긴다. 하지만 많은 경우 내가 쉽게 하는 그 일이 다른 이들에겐 어려운 경우가 많다. 그것을 알아차릴 수 있는 효율적인 방법이 있다. '들인 시간'을 비교해 보는 것이다.

A는 놀라울 정도로 적절한 정보를 빠르게 캐치해 오곤 했다. 주제 하나를 맡기면 문서로 정리하는 데 30분이면 충분하다. 하지만 다른 이들에겐 3시간은 족히 걸릴 일이다.

그럴 땐 팀장이 말해주자. '다들 이렇게 빠른 시간 안에 해내는 것은 아닙니다'라고. 이때 유의할 것은 다른 이들을 폄훼하는 게 아니라, 이게 A가 가진 고유의 큰 바퀴라는 것을 강조하는 것에 초점이 맞춰져야 한다는 것이다. 이를 깨달은 A는 기꺼이 동료들을 위해 자신의 큰 바퀴를 굴리려 나설 것이다.

③ 들었던 칭찬 중 기억 남는 게 있나요?

한국인들은 칭찬 알레르기 비슷한 것이 있는 것 같다. 칭찬을 들으면 '에이 아니에요~'라고 손사레부터 치는 것이 대부분의 반사적인 반응이다. 그래서 진심을 담은 칭찬임에도 빈말을 던지는 것처럼 느껴질까 싶어 조심스러울 때가 있다. 하지만 제대로 된 칭찬은 고래도 춤추게 하고, 큰 바퀴를 가리고 있었던 십년 묵은 먼지도 걷어낸다. 나도 그랬다.

얼마 전 나는 유관 부서와 미팅을 했다. 두 팀이 어떻게 업무를 공유하고 진행하면 좋을지 간단히 그림을 그리며 설명하는 자리였다. 회의를 마치고 나오는데 상대 팀원 중 한 명이 대뜸 이런 말을 했다.

"팀장님, 예전부터 생각했던 건데요. 팀장님은 구조를 기가 막히게 만드시는 것 같아요."

민망한 마음에 '에이 아니에요' 하며 얼버무렸지만 실은 종일 그 말을 곱씹었다. 생각해 보니 맞았다. 난 기획서를 쓸 때도 교육을 설계할 때도 늘 구조를 그리며 시작했다. 다른 이들도 으레 그럴 것이라 여겼지만 생각해 보니 그렇게 일하는 사람을 실제로 본 적이 없었다. 이 사실을 인지하고 나니 자신감이 붙었다. 좀 더 많은 업무에 그 큰 바퀴를 투입시켰다. 돈 한 푼 들지 않는 칭찬의 나비 효과였다.

여러분의 팀원에게 물어보자. '요즘'으로 한정 지어도 좋고 '살면서'로 범위를 넓혀도 좋다. '요즘, 혹은 살면서 가장 기억에 남는 칭찬은 무엇인가?' 기분 좋은 복기를 하며 튀어나오는 키워드가 있다면, 거기서부터 다시 이야기를 풀어보는 것이다.

"예전에 어떤 선배가 저한테 '넌 늘 진심으로 도우려는 것 같아'라고 칭찬을 해주신 적이 있었어요. 생각해 보면 늘 주변을 돕고 싶었고, 그럴 수 있을 때 좋았어요. 사실 당시에 오지랖도 참 넓다고 비아냥거리는 소리를 들어서 잔뜩 위축되었을 때였는데 그 선배가 해준 칭찬 덕에 그래도 누군가에게는 내 진심이 통하는구나 싶어서 힘이 됐어요."

그렇다면 그의 키워드는 '돕고자 하는 마음'이고, '사회적 공헌감'이 된다. 이를 팀에서 주어진 역할에 대입했을 때 어떻게 큰 바퀴를 굴릴 수 있을까? 이를 들여다보고 꺼내주는 것이 팀장의 다음 역할이다.

④ 업무를 하면서 반복되는 짜증이나 불만이 있었나요?

여기서부터는 심화 질문이다. 많은 사람들이 빠져 있는 착각이 있다. 내가 이 정도 하니 모두가 그래야 한다는 암묵적 착각인데, 이는 비단 팀장에게만 국한되지 않는다. 팀원들도 은연중에 자신의 방식으로 타인을 판단한다. 똑부러진 사람은 무른 동료가 답답하고, 사람과의 관계가 중요한 사람은 일만 하고 선을 그으려는 동료가 얄밉다. 한마디로 동료들에게 반복적으로 느끼거나, 특히 크게 느끼는 나의 불만과 짜증은 내 강점의 방증일 수 있다는 것.

실제로 우리 팀 C는 자주 속상해 하며 이런 말을 했다.

"지금 섭외 중인 연사님 있잖아요. 메일 주고 받을 때 보면 너무 배려도 없고 삭막하게 소통하세요."

내용만 간단히 전달하는 편인 내가 보기엔 딱히 문제 될 만한 것은 없었다. 그 연사도 나와 유사한 '용건만 간단히' 타입이었던 것뿐이다. 하지만 C의 불만 패턴은 그 후로도 비슷하게 반복됐다. 그 이유는 사실 C에게 있었다. 그가 타인과 친밀하게 커뮤니케이션하면서 성과를 내는 유형이었던지라 상대를 이해하기 어려웠던 것이다. 때론 이처럼 반복되는 불만과 짜증이 큰 바퀴의 힌트가 된다. 그걸 깨달으면 나와 다른 방식으로 일하는 상대를 이해하게 되고 불필요한 갈등과 오해를 줄일 수 있다. 이 질문은 그 포인트를 찾을 단서가 된다.

⑤ 강점 진단을 받아보았다면 어떤 키워드가 나왔나요?

최근 나답게 일하고자 하는 이들이 많아지면서 전문적인 강점 진단에 대한 관심도 높아지고 있다. 진단을 받는 데는 시간과 비용이 든다는 단점이 있긴 하지만 이런 상황엔 꼭 추천하고 싶다.

'팀원들과 허심탄회하게 이야기하기엔 아직 서먹할 때가 있는 것 같아요.'

'대충 느낌으로 이야기하는 게 얼마나 정확할지 확신이 들지 않아서 망설여져요.'

'저도 이야기를 꺼내고 싶긴 한데 팀장인 저부터 개념에 대한 이해가 약하니 그냥 신변잡기 이야기하다 끝날 것 같기도 해요.'

이럴 땐 객관적이고 체계적인 결과치가 도움이 된다. 모두의 머릿속에 같은 데이터가 존재할 때 대화는 좀 더 쉽고 효율적으로 흘러갈 수 있다. 갤럽의 〈스트랭스파인더〉나 퓨처플레이의 〈태니지먼트〉, NHR의 〈커리어앤〉 같은 강점 진단이 대표적이다. 이 중 〈태니지먼트〉 진단 활용법이 궁금하다면 『강점 말하기』(이윤경, 블랙피쉬, 2022)를 추천한다.

강점을 진단할 때는 조심해야 할 것이 있다. 첫째, 조직이 '요구'한 강점을 위주로 대화를 몰아가진 말자. 각자 본연의 큰 바퀴가 있지만 때론 팀의 상황에 따라 작은 바퀴를 굴릴 것을 요구받기도 한다. 예를 들어 하나의 주제를 깊이 있게 파고드는 것이 강점인 A에게 다른 팀와 긴밀히 협업하는 일이 맡겨졌다고 해 보자. 기본적으로 책임감이 강한 A는 자신에게 맞는 옷이란 느낌은 들지 않았지만 팀의 목표 달성을 위해 맡은 바 업무를 성실히 수행했다. 그렇다고 해서 팀장이 '그때 협업할 때 성과를 잘 내는 것 같던데, 그게 OO님 강점인가봐~'라는 식으로 단정지어 말해선 곤란하다. 그 일에 본인이 몰입했는지, 맞는 옷을 입은 것인 마냥 신나서 일했는지에도 분명 시선을 둬야 한다. 이것이 바로 팀원이 2배, 3배 성과를 낼 수 있는 키워드가 된다.

둘째. 가시적인 성과만을 강조하지 말자. 이는 팀원 수가 많거나 꼼꼼하게 프로세스를 관리하는 팀장님들이 흔히 하는 실수다. 이런 분들에게 '성과 = 숫자'로 여겨진다. 하지만 모든 성과와 기여가 당장의 숫자로 보이지는 않는다. 예를 들어보자. 팀원들에게 심리적 안전감을 만들어 준 팀장의 기여는 어떤 숫자로 표현될 수 있을까? 팀원에게 공감을 표하며 끄덕인 고갯짓의 수일까? 팀원들이 1 on 1 중에 띈 미소의 수일까? 이렇게 계량화될 수 없는 정성적인 기여에 대해서도 이야기할 수 있는 자리여야 한다. 바로 이런 식으로 말이다.

"이런 것도 강점일 수 있을진 모르겠지만, 저는 번아웃에 빠진 동료들이 참 많이 찾아와요. 저와 대화하다 보면 답을 찾았다고 하는 이들도 많구요. 그런데 아무래도 이런 건 강점이 아니라 그냥 성격이겠죠?"

"아닙니다. 그것도 분명 팀에 기여한 것인데요. 이 분류표에 보면 '동기부여'라고 나와 있네요. 바로 00님이 가진 강점입니다."

셋째, 팀장 본인의 예를 드는 건 좋지만 20%를 넘진 말자. 위의 질문들은 팀장부터 먼저 답을 해보고 팀원들에게도 적극 공유하는 것이 좋다. '이런 것까지 이야기해도 되나?' 싶은 허심탄회한 이야기로 심리적 장벽을 낮춰주려는 의도다. 하지만 주객이 전도되어서는 곤란하다. 특히 강점 질문에선 더욱 그렇다.

"말이 나와서 말인데요. 제가 평소에 엄청 일을 **빠르게** 하잖아요. 그게 '추진' 강점이거든요. ○○님도 느꼈을지 모르지만 저와 일하면 로켓을 탄 기분일 거에요. 아, 그리고 그런 일도 있었어요…."

이런 상황은 '뭐야 자기 자랑하려고 불렀나?' 하는 오해를 살 수 있다. 팀장 본인의 예를 드는 건 대화의 물꼬를 트고 안전감을 형성하기 위해서라는 걸 명심하자.

"당신은 팀의 목표까지
어떻게 달려보고 싶은가요?"

첫 번째 질문에서 팀원 개개인의 목표에 대해 살펴 보았다면 이제는 팀의 목표에 대해 이야기할 차례다. 단, 관점은 여전히 팀원 사이드다. 먼저 팀의 목표에 대해 공유한다. 내가 일하는 〈대학내일〉 인재성장팀의 목표를 들어보겠다. 이때 목표 깃발은 이 한 줄이다.

"우리는 동료들의 자기다운 성장을 도와서 조직의 지속 가능한 성과 창출에 기여합니다."

이제 질문할 차례다. 이 목표까지 빠르고 신나게 달리기 위해 어떤 강점을 발휘해 볼 수 있을 것인가?

팀의 목표까지 빠르고 신나게 굴릴 수 있는
나만의 성과를 내는 패턴 = 강점

2. 강점

팀의 목표

그림을 살펴 보자. 팀원들에게 주어진 미션은 우측의 깃발까지 달려가는 것이다. 그런데 바퀴가 여러 종류다. 어떤 건 직경 1mm 짜리 아주 작은 바퀴고, 어떤 건 1m짜리 큰 바퀴다. 상식적으로 생각해 보자. 두 개의 바퀴 중 어떤 것을 굴렸을 때 더 빠르고 신이 나게 깃발에 다다를 수 있을까?

당연히 큰 바퀴다. 작은 바퀴는 아무리 열심히 굴려 봤자 '찔끔 찔끔' 일 뿐 앞으로 나가는 속도가 더디다. 굴리는 사람도 힘만 실 컷 쓸 뿐 수확이 적다. 도무지 신나지가 않는다. 반면, 큰 바퀴는 다르다. 조금만 굴려도 '성큼성큼' 나간다. 굴리는 사람도 신나고, 미션 달성을 바라는 조직 입장에서도 호재다. 이것이 바로 각자의 성과를 내는 패턴인 '강점'의 힘이다. 자신의 강점을 마음껏 발휘할 수 있을 때, 각자의 큰 바퀴를 마음껏 굴릴 수 있는 환경에 있을 때 팀원들이 '일의 주인'이 될 수 있다고 믿는다. 그러려면 팀장이 팀원들의 강점을 알아야 한다.

이에 이런 생각을 하는 사람이 있을 것이다. '당연히 알지. A는 엑셀 귀신이고, B는 말을 잘하고.' 여기서 말하는 강점은 단순한 스킬을 말하는 것이 아니다. 강점은 쉽게 말해 문제를 해결하고 성과를 내는 패턴에 가깝다. 이 이야기는 뒤에서 좀 더 자세히 다뤄보자. 이런 질문을 던지는 팀장도 있을 것이다. '강점을 잘 파악해서 활용하는 게 중요하다는 걸 누가 모르나요? 그게 뭐 어렵겠어요?'

이것 역시 오해다. 팀장 눈에는 기본적으로 색안경이 장착되어 있다. 그로 인해 팀원 개개인의 강점을 '오해'하기 십상이다. 그 색안경은 아이러니하게도 팀장 본인의 큰 바퀴인 강점이 만든다. 이것이 대체 무슨 소리일까? 다음 장에서 비밀이 밝혀진다.

팀장 눈엔 '나처럼 일해야' 일잘러다

잠시 고민해 보자. 여러분 팀의 에이스는 누구인가? 애매하다면 좀 더 냉정한 방법을 써볼 수도 있다. 회사에 사정이 생겨서 팀원들을 다른 팀으로 이동시켜야 한다. 단, 한 명만 남겨 둘 수 있다. 프로스포츠로 치면 보호선수 같은 것이다. 이때 당신은 누구를 명단에 올릴 것인가? 지금 머릿속에 떠오른 그 팀원이 에이스다.

다음은 왜 그를 에이스나 '일잘러'로 생각했는지 들여다볼 차례다. 여러 이유가 있을 수 있다. 성과가 좋아서일 수도 있고 근무 태도가 성실해서일 수도 있다. 숫자로 보이는 성과나 일에 임하는 태도는 누가 봐도 자명한 이유다. 하지만 다른 누가 보면 '왜?'라고 생각할 이유가 있을 수도 있다. 이것이 바로 성과를 내는 패턴인 '강점'이다.

예를 들어 일하는 속도가 엄청나게 빠른 A가 있다고 치자. B 팀장 눈엔 너무나도 훌륭한 일잘러다. 하지만 C 팀장 눈엔 조급하기만 한, 그래서 리스크를 걱정해야 하는 관심병사다. B 팀장은 속도파이고, C 팀장은 돌다리도 두들겨 보고 건너는 신중파이기 때문에 빠른 속도의 업무태도를 바라보는 관점이 다르다. 결국 자신만이 가진 특유의 스타일로 성과를 내 온 사람은 자신처럼 일하는 팀원이 일잘러로 보인다. 이것이 바로 팀장의 색안경이다. 여기서 문제가 발생한다. 나와 다른 방식으로 성과를 내는 팀원을 평가 절하한다는 것이다. 이는 단순히 팀원만 억울하다고 끝날 일이 아니다. 팀원의 큰 바퀴를 팀장이 몰라주니 팀의 목표를 향해 굴릴 수가 없다.

신중파 C 팀장이 속도파 A와 일한다고 해 보자. A가 뛰어들어 방법을 찾을라치면 C 팀장은 이렇게 말할 것이다.

"잠깐만요. 너무 급해요. 일단 피저빌리티와 리스크 체크부터 하고 움직일 겁니다."

이럴 경우 안전할 수 있지만, 정작 에자일하게 움직여야 할 타이밍을 놓칠 수도 있다. 팀장의 큰 바퀴로만 팀이 굴러가는 것은 팀원에게도, 팀에게도 좋은 일이 아니다. 모든 종류의 큰 바퀴를 풀옵션으로 장착한 팀장은 있을 수 없기 때문이다. 이런 상황을 막기 위해 팀장이 해 볼 수 있는 것은 '의심'이다. 내가 어떤 팀원의 일하는 방식이 마뜩잖을 때 그 팀원의 역할을 축소하거나 부정적인 피드백을 하기 전에 스스로 의심을 해 보는 것이다.

각자의 강점을 살려서 일해야 한다는 말은 쌀로 밥 짓는 이야기처럼 뻔한 말이다. 이는 '사람의 생명은 소중해요' 같은 공익 광고와 다를 바가 없다. 하지만 우리는 이 중요하고도 가장 핵심적인 방법을 배운 적이 없다. 이 강점이 지금 나의 상황에 어떻게 적용되는지 시뮬레이션을 해 본 적도 없다. 그래서 팀장은 자신과 다르게 일하는 팀원의 바퀴를 굴리는 데 서툴 수밖에 없다. 그러니 지금부터라도 조금씩 해 보자.

아마도 이 글을 읽고 있는 많은 분들이 팀장일 테다. 여러분에게는 각자 '미간 모먼트'가 있을 것이다. '왜 저렇게 일하지?' 싶어서 미간이 절로 찌푸려지는 그 순간들을 떠올려 보자. 쉽게 좁혀지지 않는다면 다음 8개 중에 골라보자. 여러 개를 체크해도 좋다.

다음 중 팀장인 당신의 미간을 찌푸리게 하는 직원은 누구인가?

① '왜 저렇게 배려가 없고 강압적이야? 동료들 기죽이려고 출근해?'

→ 다소 시니컬한 팀원이 못마땅하다면 '동기부여'가 당신의 업무 패턴일 수 있다. 한마디로 상대를 격려하고 배려하는 것이 당신에겐 디폴트값이다.

② '오늘도 밥 혼자 먹네? 어휴, 그래도 회사생활인데 어울리려고 노력을

해야지.'

→ 따로 노는 팀원이 못마땅하다면 '사교'가 당신의 패턴일 수 있다. 외부 자

원을 연결하고 이를 통해 문제를 해결하는 것이 당신에겐 디폴트값이다.

③ '왜 저렇게 일 속도가 느려? 진행되고 있는 건 맞아? 답답해 죽겠네.'

→ 빠릿빠릿하게 움직이지 않는 팀원이 못마땅하다면 '추진'이 당신의 업무

패턴이다. 처음 해 보거나 막막한 일도 일단 뛰어들어 방법을 찾는 것이

당신에겐 디폴트값이다.

④ '왜 저렇게 일의 완성도가 떨어져? 디테일도 없고, 뭔가 어설프네.'

→ 디테일이 부족한 팀원이 못마땅하다면 '완벽한 완성'이 당신의 업무 패턴

이다. 높은 기대 수준을 갖고 그에 맞춰 완성도 있게 발전시키는 것이 당

신에겐 디폴트값이다.

⑤ '계획을 꼼꼼히 세우고 뛰어들어도 불안한 마당에 저렇게 달려들면 어쩌

려고 저러지?'

→ 계획보다 행동이 앞서는 팀원이 못마땅하다면 '조정'이 당신의 업무 패턴

이다. 복잡한 상황을 정리하고 체계적으로 준비하는 것이 당신에겐 디폴

트값이다.

⑥ **'논리도 데이터도 없이 일하네. 객관적으로 저게 말이 되는 아이디어야?'**

→ 데이터나 논리보다 직관에 근거해서 일하는 팀원이 못마땅하다면 '평가'가 당신의 업무 패턴이다. 객관적으로 논리적으로 상황을 진단해서 문제점을 찾아내는 것이 당신에겐 디폴트값이다.

⑦ **'일하는 거 보면 정말 깊이가 얕네. 제대로 파고들어 보긴 한 거야?'**

→ 깊이 없는 팀원의 아이디어가 못마땅하다면 '탐구'가 당신의 업무 패턴이다. 특정 분야를 깊이 파고들어 갖게 된 인사이트를 가지고 문제를 푸는 것이 당신에겐 디폴트값이다.

⑧ **'기획안 보니 정말 뻔할 뻔 자네. 지난 분기 기획안을 그대로 가져온 것 같은데?'**

→ 상투적인 팀원의 아이디어가 못마땅하다면 '창조'가 당신의 업무 패턴이다. 상상력을 발휘하여 전에 없던 번뜩이는 발상을 내놓는 것이 당신에겐 디폴트값이다.

자, 골랐다면 이제 의심해 볼 차례다. 팀원들을 향한 불만의 이유가 팀장 본인의 강점에 있지 않은지 말이다. 이런 팀장의 실책이 정말 무서운 건 당신의 관점이 팀원의 번아웃까지 불러올 수 있다는 점이다. 번아웃에는 전형적인 악순환 패턴이 있다.

1단계
일을 한다

2단계
성과가 나지 않고,
좋은 평가를 받지 못한다

3단계
위축되고 버벅거린다

4단계
스스로 '나는 일을 못한다'라는 결론을 낸다

5단계
성과는 더 떨어진다

이것이 반복된다면 틀림없이 번아웃이다.

팀장이 상황의 심각성을 눈치채는 건 5단계에 이르러서다. 기껏 뽑아 놨더니 성과도 못 내더니만 어깨가 축 처져서 퇴사 고민을 한다는 소문이 귀에 들리게 되는 것. 그러면 팀장은 발등에 불을 끄듯 그제야 면담을 시작한다.

하지만 어떤 팀장은 2단계에서 끼어든다. 특정 팀원이 기대만큼의 성과를 내지 못했을 때 이런 의심을 해 보는 것이다. '혹시 팀원의 큰 바퀴가 제대로 굴러가지 않고 있는 것은 아닐까?' 신중하고 꼼꼼한 일처리가 큰 바퀴인 팀원이 빠르게 쳐내야만 하는 업무를 맡고 있을 수도 있다. 거꾸로 크리에이티브한 아이디어가 큰 바퀴인 팀원이 토씨 하나라도 틀리면 큰일 나는 일을 수행하고 있을 수도 있다.

물론 이렇게 말하는 팀장이 분명히 있을 것이다. '맞는 말이죠. 그런데 팀장이 어떻게 각각의 강점에 맞춰서 일을 줍니까. 급할 때는 맞지 않는 일도 하면서 약점을 보완해야죠.'

일리 있는 말이다. 때로는 자신의 약점을 보완해야 할 필요도 있고, 그렇게 해야만 한다. 하지만 업무의 효율을 생각하면 이야기는 달라진다. '효율', '공수', '인풋 대비 아웃풋'이라는 말을 달고 사는 팀장에게 효율은 의사결정의 우선순위다. 그리고 그 효율에 근거했을 때 '약점을 보완'하는 데 쓸 에너지를 '강점을 강화'하는 데 쓰는 것이 낫다고 판단한다. 문제가 되는 약점은 내가 아니라 내 동료의 큰 바퀴로 보완될 수 있을 테니 말이다.

예를 들어보자. 우리 팀은 다음 시즌 마케팅 기획안을 작성하는 중이다. A가 PM을 맡았고, 그에게 1주일이 주어졌다. A는 '어떻게 저런 생각을 할 수 있지?' 싶을 정도로 크리에이티브한 팀원이 었지만 디테일은 부족했다. 그래서 기획안을 팀장에게 올리면 적어도 세 번은 오탈자를 검수하고 논리 구조를 바꿔야 했다. 물론 그가 디테일까지 갖추게 되면 더할 나위 없을 것이다. 하지만 각기 타고난 재능은 따로 있다. A가 디테일까지 챙기며 3일을 더 업무에 매달려야 한다면 B는 3시간이면 거뜬히 해낸다. 팀의 저력은 바로 여기서 나오는 것이다. A도 B도 각자의 큰 바퀴를 신나게 굴릴 수 있는 환경. 이를 만들 수 있는 건 단언컨대 리더인 '팀장'이다.

당장 직면한 프로젝트의 효율만 따지자는 건 아니다. 좀 더 길게 봤을 때의 노림수도 있다. 팀원 각각이 성과를 내는 패턴을 팀장이 인정해 주면 팀장과 팀원 주위로 '우리'라는 울타리가 생긴다. 팀장은 기본적으로 팀원의 평가자로 인식되어 있다. 팀원으로선 나의 아웃풋과 행동이 팀장에게 평가받고 기록되고 있다는 생각을 지우기 어렵다. 그러니 둘 사이엔 심리적인 벽이 있을 수밖에 없다. 하지만 팀장이 내 고유의 강점으로 인정해 준다면, '당신을 평가한다'가 아니라 '당신은 필요한 존재'라고 말한다면 분위기는 달라진다.

생각해 보자. 이 책을 읽고 있는 여러분도 누군가의 팀원이었다. 나를 '충분히 성과를 낼 수 있는 강점을 가진 팀원'으로 전제하는 팀장과 나를 '보완할 것 투성이인 팀원'으로 생각하는 팀장이 있을 때 우리는 어느 편에 서고 어떤 팀에서 더 몰입해서 일하고 싶을까?

하지만 이것이 끝은 아니다. 팀원의 마음을 얻는 것을 넘어서 팀의 사각지대를 없애주는 것도 결국 팀원들의 각기 다른 큰 바퀴다.

원팀의 반전, 다 달라야 팀이 잘 된다

팀의 사각지대를 없애주는 건 팀원들의 각기 다른 큰 바퀴다. 축구 경기를 예로 들어보자. 축구는 11명의 선수가 한 팀으로 뛴다. 이들 중 가장 돋보이고 화려한 포지션은 스트라이커다. 골을 넣는 역할이기 때문에 얼핏 가장 중요한 선수로 보인다. 그런데 11명이 모두 스트라이커 롤을 맡으면 어떤 일이 벌어질까? 골을 많이 넣을 테니 승리는 따놓은 당상일까? 그렇지 않다. 뻥 뚫린 수비라인 탓에 속수무책으로 골을 먹을 것이다. 그리고 패스는커녕 같은 편끼리 다툴 확률이 크다. 내가 골을 넣으려면 같은 포지션인 내 동료에게 기회를 주어선 안 되니 안간힘을 쓰기 때문이다.

사무실에서도 마찬가지다. 모두가 같은 패턴으로만 일을 하면 반드시 사각지대가 생긴다. 사무실의 스트라이커는 그럴 듯한 기획서를 제출하고 임원들 앞에서도 흔들림 없이 훌륭한 프레젠테이

선을 해내는 사람들일 것이다. 만약 팀원 5명 모두가 그 역할만 하겠다고 나선다면 어떻게 될까? 모두 같은 포지션을 맡고 있으니 경쟁만 치열할 뿐이다. 다른 팀원을 밟고 올라서야 하니 불필요한 정치가 생기고 파벌이 만들어진다. 이것이 바로 서로가 서로에게 칼을 겨누는 '팀킬'이다. 이런 팀에서는 제로섬 게임만 난립할 뿐이다. 이렇게 확신을 갖고 말하는 까닭은 우리 팀이 딱 그 반대 상황을 경험했기 때문이다.

내가 근무하는 인재성장팀은 말 그대로 구성원들의 성장을 돕는 일을 한다. 이 일을 하며 뼈에 새기게 된 것이 있으니, '모두를 단번에 만족시키는 프로그램은 존재하지 않는다'는 것이다. 한 번은 익명 게시판에서 우리 팀의 프로그램이 화두가 됐다. 우리는 코로나 팬데믹 3년을 겪는 동안 서로 소원해진 동료들을 위해 '키다리 위크'라는 네트워킹 프로그램을 운영 중이었다. 만나고 싶은 동료의 이름을 적으면 삼삼오오 자리를 마련해 주는 프로그램이다. 익명 게시판에 올라온 의견은 다소 시니컬했다. 이 프로그램이 누군가에겐 반갑고 설레는 자리겠지만, 다른 누군가에겐 소외감을 느끼게 한다는 의견이었다. 이 의견에 따라 우리 팀의 미션이 하나 더 추가됐다. 소외감을 느끼는 이들의 마음을 읽어 보자는 취지를 담았다. 이후 우리는 바로 '헤쳐모여'를 외쳤다. (헤쳐모여 : 이슈가 생기면 바로 회의 가능한 팀원들만 줌에서 만나 20분쯤 논의를 하는 인재성장팀의 회의 문화) 흥미로운 건 팀원들의 내놓은 해결 방식이 제각각이었다는 것이다.

우선 나는 '논리파'였다. 이들이 왜 소외감을 느꼈는지 플로우를 그리며 의견을 냈다. 팀원 A는 지난주 다른 팀 동료와 식사하며 들었던 비슷한 에피소드에서 힌트를 얻을 수 있을 것 같다며 말을 이었다. 팀원 B는 기존 우리 팀 프로그램 참여율 데이터를 분석해 보겠다고 나섰고, 팀원 C는 다른 회사에서도 이런 고민을 해 봤을 것 같다며 지인에게 카톡을 보내봤다고 했다. 결국 우리는 '키다리 위크'가 타인과의 연결을 즐기는 프로그램이라면, 스스로 성찰할 시간이 필요한 사람들을 위한 셀프 회고 프로그램 '쎌터뷰'가 필요하다고 결론을 내렸다. 그렇게 위기는 새로운 프로그램 런칭의 기회로 이어졌다.

만약 철저히 논리에 근거해 사고하는 나와 같은 팀원만 5명이 있었다면 어땠을까? 분명 논리적으론 맞지만 동료들의 감정을 터치하는 아이디어는 나오지 못했을 것이다. 감성적인 A 덕에 진짜 동료들의 속마음을 알았고, 냉철한 B 덕에 이를 숫자로 백업할 수 있었다. 발 넓은 C 덕에 다른 회사의 상황도 파악할 수 있었다. 팀원들이 각기 다른 큰 바퀴를 하나의 목표로 굴려서 나온 결과였다.

요즘 우리 팀 이야기를 하면 많은 분들이 이런 말을 한다.

'회의 시간에 그렇게 많은 말을 한다고요? 그것도 모두가 다?'

'자기가 어떤 방식으로 성과를 내야 하는지 명확하게 알고 있는 것이 무척 신기하네요.'

그렇다. 우리 팀원들은 자신의 큰 바퀴를 잘 알고 있다. 지난 2년 간 귀에 못이 박히도록 듣고 말했기 때문이다.

우리 팀은 동료들의 큰 바퀴로 시시껄렁한 잡담도 마음껏 할 수 있는 팀이다. 물론 작은 바퀴에 대한 이야기도 나눈다. 다만 그 목적은 '비난'이 아니라 '백업'이다. '저 이게 좀 자신이 없어요'라는 말이 자책이나 셀프 비하로 전달되지 않는다. '그럼 제가 그 부분을 백업할까요?'를 부를 뿐이다. 내가 생각하는 안전한 팀은 그래서 '내가 나로서 존중받는, 기꺼이 동료에게 기댈 수 있는 팀'이다. 그 중심엔 개개인의 강점이 자리하고 있다.

하지만 내 강점도 모르고 사는 팀원들이 대부분이다. 그냥 태어나보니 숨 쉴 수 있는 공기가 있었듯 내게 주어진 업무는 당연한 것이라 주어진 일을 했을 것이고, 심지어 일이 잘 처리되지 않았을 때 자신은 그저 '일을 못한다'라는 생각에 상심하며 살았을 수도 있다.

나는 일을 빠르게 추진하는 내 큰 바퀴를 예전엔 '조급함'으로만 여겼다. 꼼꼼하기로 둘째가라면 서러운 한 팀원은 그간 그 꼼꼼함을 '지나친 예민함'으로 여기며 살았다고 했다.

팀장이 질문을 던져야 하는 까닭은 바로 여기에 있다. 무엇이 나의 큰 바퀴인지 깨닫지 못하면 이 값진 바퀴를 굴려도 될지 망설일 수밖에 없다.

자, 이제 다음 질문을 던질 차례다. 일할 때 특히 어떤 것에 동기부여가 되는지 말이다.

막막할 땐
8가지 강점 분류 참고하기

앞서 팀장들의 색안경을 설명할 때 들었던 8가지 불만 예시를 기억하는가. 그 8가지 분류는 〈태니지먼트〉의 분류에 근거한다. 이번 챕터의 질문을 좀 더 준비해서 던지고 싶거나 팀원들의 답변을 분류해서 R/R로 나눌 때 체계적으로 적용해 보고 싶다면 이 분류가 도움이 될 것이다. 우선 아래의 표를 훑으며 생각나는 팀원/동료들의 이름을 적어보자. 물론 가장 먼저 적어야할 것은 여러분 자신의 이름이다.

이 표를 지속적으로 활용하다 보면 다음과 같은 인사이트를 얻게 될 것이다. (적어도 나는 그랬다.)

'이런 걸 OO 강점이라고 말하는구나'

⇨ 정의하고 이름을 붙이면 머릿속에 상이 잡힌다. 학창 시절에도 머릿속의 막

〈태니지먼트〉 분류

	성과를 내는 패턴	자주하는 말	대표적인 인물	생각나는 팀원
추진	목표를 달성하기 위해 주도적으로 일을 추진한다	"일단 해보면서 방법을 찾죠"	정주영	
완성	집중하여 일을 완벽하게 마무리한다	"좀 더 디벨롭되어야 할 것 같아요"	스티브 잡스	
조정	복잡한 일을 정돈하여 계획적으로 수행한다	"여기까진 A님이 진행하시고 B한테 넘기실래요?"	봉준호	
평가	논리적으로 상황을 판단하여 객관적으로 진단한다	"그 아이디어는 현실적으로 불가능하다고 봅니다"	정은경	
탐구	깊이 생각하고 의미와 대안을 찾아낸다	"…"(고민 중)	워런 버핏	
창조	상상력을 발휘하여 새로운 것을 제안한다	"좀 더 새로운 게 없을까요"	일론 머스크	
동기부여	다른 사람을 독려하여 팀을 움직인다	"역쉬~"	버락 오바마	
외교	외부 자원이나 소통으로 문제를 쉽게 풀어간다	"제가 부탁이 하나 있는데…"	유비	

연했던 개념을 교과서에서 정의해 주었을 때 훨씬 학습이 빨라졌던 경험을 해

봤을 것이다. 어렴풋하게 '이런 건 좀 잘하네'로 인식했던 것을 팀장이 명확한

단어로 반복해서 말할 때 팀원도 자신을 얻고 큰 바퀴를 훨씬 효율적으로 굴릴

수 있다.

'A와 B는 직무도 같고 연차도 같은데 다소 상반되는 강점을 갖고 있구나'

➪ 강점 퍼실리테이터로 활동하다 보면 종종 이런 질문을 받는다. '00 직무에

는 어떤 강점이 필수적일까요?' 나의 답은 '그런 건 없습니다'이다. 강점은 스킬과 다르다. 강점은 성과를 내는 패턴, 문제를 해결하는 패턴을 말한다. 어떤 직무에서든 모든 패턴이 통용된다.

예를 들어 같은 영업 직무에 종사하는 A와 B가 있다고 해 보자. 이들에게 고객의 니즈를 충족시켜서 상품을 판매하는 미션이 주어졌다. 평가 강점을 가진 A는 고객이 지금 처해 있는 문제점을 당사자인 고객보다 더 예리하게 캐치하고, 이를 해결하기 위한 대안을 내놓는다. 외교 강점을 가진 B는 고객이 지금 처해 있는 문제점을 해결하는 데 도움이 될 만한 인적 네트워크를 풀가동한다.

이처럼 깃발까지 향하는 루트는 모두 다르지만 제대로 굴리기만 하면 팀의 목표 달성에 훌륭하게 기여할 수 있다. 결국 강점에는 정답도, 우열도 없다. 팀장이 이를 깨달으면 좋은 점이 또 하나 있다. 같은 일을 하는 여러 팀원들에게 한 개의 잣대를 들이대거나 비교하는 우를 범하지 않을 수 있다. 비교와 편애는 팀원들의 사기를 저하시킬 뿐 아니라 팀웍을 해친다. 우리는 각자 존중받을 수 있을 때 서로 진심으로 도울 수 있다.

'이런 것도 성과를 내는 패턴의 일종이었구나'

⇨ 한국 사회의 편견 중 하나는 '사람 좋은 것은 능력과 무관하다' 혹은 한술 더 떠서 '사람이 좋을수록 일머리는 그만큼 덜 할 것이다'라는 생각이다. 그래서 친화력 좋고 사람들과 어울리는 걸 좋아하는 이들에겐 '쟤는 사람은

좋은데…'라는 꼬리표가 따라붙기도 한다. 하지만 그렇지 않다. 동료들의 아이디어와 피드백을 이끌어내는 것은 결국 이들이 쌓아놓은 심리적 안정감이다. '내 이야기에 적극적으로 리액션해 주는 A가 있으니까' 용기를 내어 한 마디라도 보탠다. '아직 지식과 경험이 부족하지만 B가 관련된 사람을 소개해 줄 수 있으니' 아이디어를 던질 수 있다. 위의 분류표를 읽다 보면 동기부여나 외교 강점을 가진 팀원들이 아마 달리 보일 것이다. 이 역시 팀장의 색안경을 벗을 수 있는 팁 중 하나다.

당신을 동기부여하는 것은 무엇인가?

스탠퍼드 MBA에 지원시 제출하는 에세이의 1번 항목은 지난 50년 동안 단 한 번도 바뀌지 않았다.

"What Matters Most to You?"

"당신에게 무엇이 가장 중요한가요?"

내게 가장 중요한 것이 무엇인지 묻는 가장 기본적인 질문 포맷이다.

후배 A가 들려준 이야기에서도 흥미로운 질문을 찾았다.

"한 번은 저희 팀장님이랑 면담을 하는데 제가 조금 흔들리고 있던 시기였어요. 그걸 느끼셨는지 이런 질문을 던지시더라구요. '00 님은 '나는 이게 너무 좋아서 그만둘 수 없을 것 같아'라고 생각하는

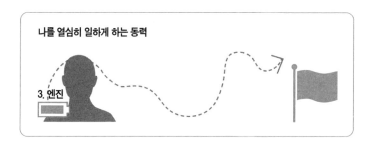

나를 열심히 일하게 하는 동력

3. 엔진

것이 있나요?' 한참 생각하다가 이렇게 대답했어요. '저의 멋진 3년 후를 상상하게 하는 선배들이요.' 그랬더니 팀장님이 제 답변을 참 열심히 적으셨어요."

50년간 한번도 바뀌지 않은 스탠퍼드 MBA의 에세이 질문이나 후배가 들었던 질문을 관통하는 것은 결국 이것이 아닌가 싶다.

"당신은 어떤 상황에서 일할 맛을 느끼나요?"

이 질문이 너무 직설적이라면 우회하기 제격인 것은 이런 질문들이다.

"우리 조직이나 팀에서 근무할 때 너무 좋아서 그만두기 싫은 무언가가 있나요?"

"이 조직, 이 팀을 떠나게 되면 무엇을 가장 그리워할까요?"

한 번은 이런 말을 들었다. 회사를 선택할 때 가장 큰 이유, 그 한

가지만 좌절되지 않으면 다른 것은 그래도 견뎌낼 수 있다는 이야기였다. 공감했다.

그렇다면 이런 질문도 의미있지 않을까.

"입사할 당시 우리 회사를 선택했던 가장 큰 이유가 무엇일까요?"

다른 방법도 있다. 바로 '밸런스 게임 : 업무 편'이다. 특정 상황을 제시하고 어떤 선택을 할 것인지 물어보자. 각자의 선택에 업무의 동기를 부여하는 엔진의 힌트가 있다. 이 포맷은 1 on 1뿐 아니라 팀 회의나 워크숍에서 함께 진행해 봐도 좋다. 자세한 해석은 p.140에서 살펴 보자.

업무선택 1. 자율 vs 안전

ⓐ 내 마음대로 할 수 있으나 처음부터 새로 만들어야 하는 업무

ⓑ 메뉴얼에 따라 루틴하게 진행하면 되지만 자율성은 전혀 없는 업무

업무선택 2. 명예 vs 재미

ⓐ 별로 관심 없는 분야지만 남들이 인정해 주는 분야에서의 성공

ⓑ 굉장히 관심 있는 분야지만 남들은 인정해 주지 않는 분야에서의 성공

사람선택 3. 관계 vs 성취

ⓐ 일머리는 없지만 팀과 조직에 협조적이고 항상 팀의 성공을 서포트하는 동료

ⓑ 일을 잘하지만, 개인주의적, 경쟁적 성향이 강한 동료

사람선택 4. 공동체 vs 재미

ⓐ 성과는 부진하지만, 자신을 기꺼이 헌신하는 동료

ⓑ 협조적이지는 않지만, 혁신적인 업무 방식을 보이는 동료

① 자율	독립적으로 자유롭게 생각하고 행동하는 자율 지향적인 사람
② 재미	신선한 경험들을 즐기며 새로운 것에 도전하는 재미 지향적인 사람
③ 성취	사회적 기준에 따라 자신의 역량을 발휘하여 개인적 성공을 유지하는 성취 지향적인 사람
④ 명예	높은 사회적 지위와 명성을 쌓아 다른 사람과 자원에 영향을 미치는 명예 지향적인 사람
⑤ 안전	개인적, 사회적 위험요소를 최소화하여 안정적인 상태를 만드는 안정 지향적인 사람
⑥ 관계	가까운 사람들의 행복과 복지를 향상시키는 관계 지향적인 사람
⑦ 공동체	세상에 대한 올바른 인식을 바탕으로 인류 공동체를 보호 보존하는 공동체 지향적인 사람

NHR연구소 〈커리어앤〉 참고

밸런스 게임을 하다 보면 의외의 결과를 얻게 된다. '이런 걸 밸런스 게임으로 물어볼 필요가 있나, 몰표일 거 같은데?' 싶었던 항목에서도 답은 갈린다. 그러니 팀원 개개인의 답변을 살피는 것이 좋다. 선택한 이유도 마찬가지다.

팀 전체가 참여하는 워크숍이라면 좀 더 편안하고 솔직한 답변을 유도하기 위해 진행을 위트있는 팀원에게 맡기는 것도 방법이다. 단, 팀장이 먼저 신나서 답변하진 말자. 팀장의 생각이 먼저 제시되면 자유롭게 답변하는 것을 부담스러워한다.

"00님에겐 이것이 중요한 엔진이 될 수 있겠어요." 같은 코멘트를 추임새마냥 넣는 것도 좋은 방법이다.

나의 영광이 그에겐 '숙제'일 수 있다

앞서 나는 강점에 관련된 이야기를 했다. 탁월하게 성과를 내는 각자의 큰 바퀴가 있으니 이를 활용해 보자는 맥락이었다. 지금부터는 그 바퀴를 움직이는 '엔진' 이야기를 할 차례다.

예를 들어 A는 동료들에게 '어떻게 그런 신박한 아이디어를 생각해냈어?'라는 감탄을 자아냈다. 자신은 '크리에이티브'라는 큰 바퀴, 강점을 가지고 있는 셈이니 이제 이 바퀴를 신나게 굴릴 일만 남았다. 다만 전제가 있다. 출발점에서 그 바퀴를 힘껏 밀어주는 엔진이 있어야 한다. 여기서 엔진은 '나를 열심히 일하게 하는 동력'이다. 생소하게 느껴질 테지만 이미 우리는 일상적으로 늘 엔진을 이야기하고 있다. 엔진을 다른 말로 하면 '일할 맛'이다.

"그런 말을 들으니 일할 맛이 나네요." vs "그런 말을 들으니 출근

했는데 퇴근하고 싶어요."

"00 덕분에 더 열심히 일해야겠다 싶어요." vs "00 때문에 일 할 의지가 싹 사라져요."

아마 엔진에 대해 이런 생각을 하는 사람도 있다.

"엔진이요? 각자 성과를 내는 패턴이야 다를 수 있다 쳐도 엔진은 비슷하지 않나요? 돈 많이 주고 인정해 주면 그게 엔진 아닌가 싶은데."

이것이 엔진이 아니라는 걸 깨달은 건 한 술자리였다. 지인과 사는 이야기를 나누다 일 이야기가 나왔다. 그즈음 나는 회사에서 기획 과목을 개설해서 동료들을 가르치고 있었고, 이 일이 큰 공헌감과 성취감을 준다는 이야기를 지인에게 했던 것 같다. 오징어 다리를 씹으며 조용히 내 이야기를 듣고 있던 지인이 묘한 표정을 지었다. 이유를 묻자 대뜸 질문을 던졌다.

"윤경 씨는 동료들을 가르치는 게 즐거워요? 회사에서 시켜서 어쩔 수 없이 하는 게 아니라? 아니면 수당을 많이 받아요?"

어안이 벙벙했다. 생각해 보지 못한 부분이었다. 결론부터 말하면 1원 한 장 들어오는 게 없는 일이었다. 시켜서 하기는커녕 내가 먼저 개설하겠노라 청했고, 퇴근 후 개인 시간을 짜내서 밤새 준비했던 과업이었다. 내 대답을 들은 그는 더 이해할 수 없다는 표정이었다.

"와, 신기해요. 저라면 그런 거 안 할 것 같거든요. 사서 고생이죠."

이번엔 내가 궁금해졌다. 왜 그는 이리도 정색하는 것일까? 몇 개의 꼬리 질문을 거쳐 그 이유를 알 수 있었다.

"저는 제가 발전하는 게 중요해요. 동료들 돕는답시고 내가 뻔히 아는 거 반복해서 말하는 것은 제 발전과는 상관이 없잖아요. 오히려 자기계발 할 시간만 줄어들죠."

모든 게 분명해졌다. 그와 나는 일에 몰입하게 하는 '엔진'이 달랐던 것이다. 이런 사례는 또 있다.

꽤 오래 전 일이다. 팀원 A와 B가 비슷한 시기에 팀에 합류했다. 효율을 최우선으로 하는 팀장답게 나는 두 사람에게 매일 아침 업무 리스트를 정리해 줬다. 석 달쯤 지났을까. A가 조심스럽게 입을 열었다. 매일 아침 오늘의 업무 리스트를 정리하는 것을 이젠 스스로 해 보고 싶다고 했다. 학창 시절 학생회장을 했을 정도로 자기 주도적인 성향이 강한 친구였고, 안될 이유가 없었다. 흔쾌히 'Why not'을 외치고 나니 B와도 이야기를 해 봐야겠다 싶었다. B도 A와 같은 마음인데 말을 못하고 있는 것일 수도 있겠다는 생각이 들었다. 하지만 B의 반응은 의외였다.

"네? 아, 선배님만 괜찮으시면 전 계속 데일리 업무 지시를 받고 싶어요. 저는 그냥 주어진 일을 착실히 해낼 때 마음이 편안해요."

A와 B의 엔진은 전혀 달랐다. A는 주도적으로 일할 때 로켓을 다는 반면, B는 좀 더 안전한 상황을 원했다. 같은 일을 하는 비슷한 연차였지만 엔진은 전혀 달랐다. 아찔했다. 이 차이를 계속 몰랐다면 나는 참 많은 실수를 하지 않았을까. 나의 엔진은 '이것'이니 당연히 팀원들도 이에 동기 부여가 될 것이라 지레짐작하면서 말이다. 이를 다시 한번 절감했던 건 〈슬램덩크〉 속 안 선생의 각개격파 에피소드에서였다.

북산은 큰 경기를 앞두고 있었다. 선수들은 전례 없이 긴장한 상황.

안 선생이 이들의 엔진을 가동시키려 나선다. 보통 농구 감독들은 이런 상황에서 선수들을 동그랗게 모은 후 임팩트 있는 메시지를 던지고 구호를 외치게 한다. 하지만 안 선생은 달랐다. 그는 선수 한 명 한 명을 제각기 찾아간다. 그리고 개개인의 특성화된 엔진을 자극한다.

송태섭은 키가 작다는 콤플렉스가 있었다. 안 선생은 한마디로 이를 타파했다.

"나는 포인트가드 대결에선 우리가 승산이 있다고 봐요. 스피드와 빠른 몸동작만큼은 절대 지지 않을 거라 생각해요. 그리고 어릴 때부터 늘 상대는

태섭군보다 컸어요."

정대만은 왕년에 중학부 MVP였다는 자부심이 있었다.

안 선생은 한마디로 이를 상기시켰다.

"산왕 멤버에서 슈팅가드가 전국급 수비 전문 선수라고 하더군요. 아무리

산왕이라 해도 정대만은 두려운 모양인가봐요."

안 선생의 전략은 다른 리더에게도 번졌다.

주장 채치수가 농구에 입문한지 얼마 되지 않은 강백호에게 상당히 어려

운 미션을 준 적이 있었다. 잔뜩 기죽은 강백호의 표정을 읽은 그는 이렇

게 덧붙였다.

"뭐, 하룻밤 연습해서 익힐 수 있는 건 아니겠지만, 천재라면 어떻게 될지

도 모르겠지."

누군가 자신을 믿어주는 만큼 열정이 불타올랐던 자칭 천재 강백호의 엔진

을 제대로 알았던 것이다. 결국 귀가 쫑긋해진 강백호는 이렇게 대답한다.

"하하하. 천재라고 했잖아요. 아침까지라도 문제없어요."

이는 농구 코트에만 해당하는 이야기는 아니다. 인재 전쟁이 치
열하기로는 둘째가라면 서러운 게 음악 시장이다. 한 오디션 프로
그램에서 우승한 유망주가 의외의 선택을 한 적이 있었다.

〈K팝스타4〉 준우승자 정승환의 이야기다. 당시 그는 YG엔터테인먼트의 러브콜을 받고 있었다. 심사위원으로 참여한 YG의 양현석 프로듀서는 "제발 YG로 와라"라며 적극적인 영입 의사를 밝혔다. 하지만 그가 선택한 건 당시엔 중소기획사에 불과했던 안테나였다. 모두가 의아해했다. 나도 그랬다. 그가 선택한 안테나 대표 유희열의 인터뷰에서 그 답을 찾을 수 있었다. 그는 이렇게 말했다.

"우리는 스타를 키워내는 방법은 몰라요. 하지만 오래도록 음악을 하는 방법은 알아요. 평생 뮤지션으로 살고 싶다면 우리 회사를 선택해 주세요."

정승환은 스타가 되기보다 오래도록 음악을 하고 싶었다. 유희열은 그의 엔진을 제대로 캐치해 인재를 얻었다. 여담이지만 그는 그후로 10년 가까이 흐른 지금까지 그 회사에 적을 두고 있으며, 계속 행복한 표정으로 음악 생활을 이어가고 있다.

사소한 엔진이
억대 연봉보다 힘이 세다

돈만 많이 주면 그게 최고의 엔진이 아니냐는 이야기가 나오는 것은 당연하다. 일리는 있지만 이를 반박하는 이론이 있다. 우리 팀에 10명이 있다고 해 보자. 이 중 3명이 '나는 나의 업무에 불만족한다'고 응답했다.

그렇다면 우리 팀에서 '나는 나의 업무에 만족한다'고 여기는 이는 몇 명일까?

이 문제는 단순 연산 문제가 아니므로 정답은 7명이 아니다. 이해를 돕기 위해 클레이튼 M. 크리스텐슨의 『하버드 인생학 특강』 이야기를 해 보자. 그에 따르면 '만족'과 '불만족'의 축은 다르다. '불만족해요'의 반대말이 '만족'이 아니라 '불만족하지 않아요'라는 것. 그는 불만을 야기하는 것은 '위생요인', 만족하게 하는 것은 '동기부여요인'으로 정의했다. 위생요인은 지위, 보상, 고용 안정, 직무 조건 등이 해당되고, 동기부여요인에는 도전적인 일, 인정, 책임, 성장이 해당된다. 여전히 이게 무슨 소리인가 싶을 테니 좀 더 쉬운 예를 들어보자.

팀원 A가 어느 날 팀장에게 고민을 꺼내 놓는다.

"일이 너무 안 맞는 것 같아요. 일하는 게 너무 싫어서 일요일 아침부터 마음이 무거워요."

팀장에게 A는 꼭 잡고 싶은 인재다. 그냥 두면 퇴사까지 이어질 것 같아서 어떻게든 마음을 바꾸고 싶다. 당장 생각나는 것은 인센티브였다.

"마침 연말 평가 시즌이고, A는 올해 우수 성과자로 꽤 쏠쏠한 인센티브를 받게 될 거예요. 좀 더 버텨 봅시다."

A의 표정이 풀린 것도 같다. 하지만 그때뿐이었다. 이때 급여는 대표적인 '위생요인'이다. 클레이튼에 따르면 급여를 올려주면 불

만스러운 표정이야 좀 줄겠지만 이것이 일을 좋아하고 몰입하게 된다는 뜻은 아니다. 그뿐일까. 되려 부작용을 낳기도 한다. 한 번은 친구가 단톡방에 폭풍 불만을 쏟아 놓은 적이 있었다.

"와~ 진짜 열받아. 지금 고과 시즌인데 팀장님이 면담하면서 내 위에 선임한테 승진 몰아주기를 하자고 하네? 너무 어이없지 않아? 이럴 거면 뭐하러 열심히 일해. 정말 어이없다."

급여와 직책은 한정적이다. 누군가 얻으면 누군가는 잃게 되고, 그 기준은 무 자르듯 공정하지 않다. 보상도 마찬가지다. 올해 연봉을 올려줘서 야근을 불사했다 치자. 내년에 그만큼 올려주지 않으면 이런 생각을 하지 않을까?

'내가 무슨 부귀영화를 누리려고 야근을 하고 있어. 조직은 날 인정해 주지도 않는데.'

마치 책 한 권을 읽을 때마다 천 원씩 주기 시작하면 '독서 = 돈 때문에 하는 일'의 프레임이 만들어지며 독서 그 자체의 기쁨을 잃게 되는 것과 마찬가지다. 많은 경우 보상과 승진은 되려 일할 의욕을 잃게 한다. 회사와 리더가 바라는 '주인처럼 헌신해서 일하는, 스스로 몰입하는' 그런 이상향은 월급만으로는 만들 수 없다.

그러니 일을 좋아하게 하는 것은 위생요인이 아닌 동기부여요인이다. 도전적으로 일할 수 있는 환경, 주변의 인정, 개인적 성장의 기회 같은 각자의 엔진 말이다. 때로 사소한 엔진이 여덟 자리 월급보다 힘이 셀 수 있다는 말은 그래서 진짜다. 그러면 금세 해결법을 찾은 것 같기도 하다.

"그럼 자주 인정해 주고, 성장하게 도와주고, 뭐 그러면 되는 거네요?"

하지만 이는 그리 간단한 문제가 아니다. 어떤 사람은 칭찬 한마디에 움직이지만 다른 이는 시큰둥할 수 있다. 앞서 말한 송태섭과 정대만이 그랬던 것처럼, 나와 내 지인이 그랬던 것처럼 여러분 팀원들의 엔진은 각기 다르다.

팀에 해마다 반복되는 정기 프로젝트가 있다고 치자. A와 B는 4년째 함께 이 프로젝트를 맡고 있다. 문제는 A가 작년부터 이 프로젝트에서 유독 수동적으로 행동하고 있다는 것. A의 근본적인 태도를 문제 삼을 수도 있지만, 이상하게 A는 다른 신규 프로젝트에서는 여전히 맹활약을 하고 있다. 몇 번의 커피 챗을 통해 단서를 찾을 수 있었다. A는 일에서 '재미'를 느꼈을 때 유난히 신나는 사람이었던 것이다. 4년째 반복되는 이 프로젝트가 따분하게만 느껴져 일할 맛이 안 났다고 한다. 한마디로 A의 강력한 엔진 중 하나는 '재미'였다. B는 달랐다. 일이 반복될수록 안정감을 느꼈다. 그의 엔진은 '안정적인 환경'이다.

물론 직장은 쇼핑몰이 아니다. 일을 나의 취향에 따라 장바구니에 담듯 선택할 순 없다. 하지만 동기부여가 되는 환경에서 우리는 더 큰 성과를 낼 수 있다. 그렇다면 각자의 엔진이 로켓처럼 발사될 수 있는 환경을 만들어 주는 것은 단순히 팀원들을 위한 복지일 리 없다. 팀의 성과를 위한 전략이다.

그렇다면 여러분의 팀원들은 어떤 엔진을 갖고 있을까? 그것을 고려해서 일을 맡기곤 했는지, 각각의 엔진을 알기 위해 시간을 투자한 적이 있는지 묻고 싶다.

흔히 번아웃을 토로하거나 직장을 그만둘 때 '일에서 월급 이상의 의미를 못 찾겠어요'라는 말을 한다. 그 말에 '회사가 학교야? 돈 받으면서 무슨 의미 타령이야?'라고 되받아친다면 당신의 팀원은 오래 머물지도, 있는 힘껏 달리지도 않을 가능성이 높다. 똑같이 돈을 받고 하는 일이지만 누군가는 일하는 맛을 만끽하며 근무한다. 단언컨대, 팀원의 '일할 맛'에는 팀장의 역할이 8할 이상이다.

파타고니아 창립자는 왜 회사를 통째로 지구에 환원했을까?

2022년 글로벌 자본시장에서 인상적인 2개의 사건이 있었다. 전혀 다른 2개의 슈퍼 엔진으로 인해 생긴 일이었다.

#1. 파타고니아 이본 쉬나드가 4조 2천억 짜리 회사를 지구에 양도했다.

파타고니아는 자산 가치 4조 2천억으로 추정되는 아웃도어 브랜드로 회장인 이본 쉬나드 일가가 지분 100%를 지구에 환원했다. 이유는 간결했다. '기후변화 대응과 환경보호를 위해서.'

출처 : https://www.khan.co.kr/world/world-general/article/202209150816001

#2. 테슬라의 일론 머스크가 트위터를 55조 원에 매입했다.

표면적인 인수 이유는 파타고니아 사례와 다르지 않았다. '바로 인류를 위해서!'

"내 강한 직관적인 감각은, 최대한으로 신뢰받고 광범위하게 포용적인 공적 플

랫폼을 갖는 게 문명의 미래에 극히 중요하다는 것이다." (2022년 4월 TED 콘퍼런스)

모두에게 표현의 자유를 돌려주기 위해 그는 그 큰돈을 썼다.

출처 : https://www.sisain.co.kr/news/articleView.html?idxno=47636

이 두 사람은 아주 명확히 자신의 엔진을 알고 있었다. 그래서 거금을 서슴없이 내놓을 수 있었다. 그런데 기사 속 두 사람의 이름을 바꾸면 재밌는 장면이 연출된다.

이본 쉬나드에게 '표현의 자유를 수호'할 수 있는 기회가 동기부여가 될까?

일론 머스크에게 '자연을 보호'할 수 있는 기회가 동기부여가 될까?

그럴 리 없다. 모두의 엔진이 다르다는 것은 이런 의미다. 우리가 미처 인지하지 못하고 살지만 우리의 선택 하나하나엔 나만의 엔진이 녹아 있다. 그것을 힌트로 삼을 수 있는 팀장이 되는 것이 이 챕터의 목표다. 지금부터는 본격적으로 질문을 던져보자.

"당신의 팀원들은 어떤 엔진을 갖고 있을까?"

막막할 땐 7가지 엔진 분류 참고하기

팀원들을 동기부여하는 7가지 엔진을 좀 더 들여다보자. 이를 위해 앞서 진행한 밸런스게임을 해석해 볼 시간이다.

팀원 A, B, C는 각자 이렇게 선택했다. 다른 질문과 마찬가지로 팀원이 많은 이야기를 꺼내 놓을 수 있게 계속 꼬리 질문을 이어가자. '그렇게 생각한 이유가 있나요?', '예를 들어 어떤 상황 일까요?'

팀원 A 1. 자율 vs 안전에서 자율을 선택

ⓐ **내 마음대로 할 수 있으나 처음부터 새로 만들어야 하는 업무** ✓

ⓑ 메뉴얼에 따라 루틴하게 진행하면 되지만 자율성은 전혀 없는 업무

A "생각해 보면 저는 자율적인 환경이 아주 중요한 사람인 것 같아요. 제가 제

일 존경하는 기업인은 토스의 이승건 대표님인데요. 이분을 좋아하게 된 계기가 구성원들에게 엄청난 자율을 허용한다는 기사였던 것 같아요. 지금 제가 조직에 로열티를 갖게 된 계기도 마찬가지였는데요. 제가 퇴근 후나 주말에 사이드 프로젝트를 많이 하는데, 작년에 회사에서 겸업 금지조항을 삭제했던 게 너무 좋았어요. 눈치 보지 말고 실컷 하고 싶은 거 하라는 메시지에서 제가 바라던 존중이 느껴졌거든요. 그때도 나에게 '자율'이라는 가치가 굉장히 중요하다는 걸 느꼈어요. 내게 그 '자율'이 주어졌을 때 엄청나게 동기부여가 되는구나라는 생각이 들었죠."

팀원 B 2. 명예 vs 재미에서 재미를 선택

ⓐ 별로 관심 없는 분야지만 남들이 인정해 주는 분야에서의 성공

ⓑ 굉장히 관심 있는 분야지만 남들은 인정해 주지 않는 분야에서의 성공 ✅

B "지난 달에 사내강사로 섭외를 받은 적이 있었는데 거절했어요. 동료들에게 뭘 가르쳐 준다는 게 솔직히 매력적이지 않았거든요. 저는 일할 때 운동선수랑 비슷한 것 같아요. 동료를 서포트하는 것보다 제가 직접 골인 지점을 통과할 때 희열을 느껴요. 지금 하고 있는 프로젝트도 마찬가지예요. 3일 후에 런칭인데 그 서비스가 성공하는 것 외에 지금 제게 중요한 건 없어요. 뭐 딱히 이걸 한다고 세상이 더 나아지고 그런 의미 있는 프로젝트는 아니지만 그건 중요하지 않아요. 저에겐 성취감을 느낄 수 있는 기회니까요."

팀원 C 4. 관계 vs 성취에서 관계를 선택

ⓐ **일머리는 없지만 팀과 조직에 협조적이고 항상 팀의 성공을 서포트하는 동료** ✅

ⓑ 일을 잘하지만, 개인주의적, 경쟁적 성향이 강한 동료

C "둘 다 장단점이 있겠지만 저는 사람과의 관계를 소중히 하는 동료들과 일할 때 더 일이 잘되는 것 같아요. 뭐 누군가는 '업무는 단지 업무일 뿐'이라고 말할 수도 있겠지만 저는 좀 달라요. 어차피 사람이 하는 일이잖아요. 협력적인 동료가 있을 때 훨씬 아이디어도 잘 나오고 문제가 생겨도 극복할 수 있는 힘도 생기죠."

팀원의 엔진이 무엇인지를 아는 팀장은 이렇게 말할 수 있을 것이다.

'자율'이 중요한 A에겐 "좀 더 주도적으로 할 수 있는 프로젝트를 맡아보면 어때요?"

'성취'가 중요한 B에겐 "현재 그 역량을 더 발전시킬 수 있는 외부 교육을 받아보는 것도 방법일 것 같아요."

'관계'가 중요한 C에겐 "혹시 상처받은 일이 있다면, 그 이야기를 좀 들어보고 싶어요."

단, 여기서 절대 하지 말아야 할 이야기가 있다. 이 글을 읽고 있는 누군가의 목구멍까지 차오른 말일 수도 있다.

"그런데 회사에서 돈 받고 일하면서 자아실현까지 하겠단 건 욕심 아닙니까?"

심정적으로는 이해하지만 현명하지 않은 말이다. 이 논리에 근거하면 당신의 팀원도 딱 돈 받은 그만큼만 일하는 게 맞지 않나. 하지만 팀장인 당신이 바라는 그림은 그것이 아니다. 기브 앤 테이크. 팀장인 당신이 '주인처럼, 내일처럼 일하는 팀원'을 원한다면 그런 환경을 만들어 줘야 하며, 팀원의 각기 다른 엔진을 존중하는 것은 그 디폴트값이다.

자신에게 딱 맞는 엔진을 달았을 때 팀원은 오래 전력 질주할 수 있다. 그것도 신나게 말이다.

CHAPTER 5

당신의 아킬레스건은
무엇인가?

이번 질문은 앞서 던진 질문보다 훨씬 더 조심스럽다. 부정적인 면을 들추려는 것 같아 선뜻 입이 떨어지지 않을 수도 있다. 그래서 중요한 것이 앞선 3개의 질문이다. 목표와 강점, 엔진에 대한 질문을 켜켜이 쌓아놓았다면 네 번째 질문이 추궁처럼 들리지는 않을 것이라 믿는다. 팀장이 나를 평가하려 질문하는 게 아니라 나를 돕기 위해 시간을 쓰고 있다는 것을 느꼈을 테니 말이다. 이제는 차분

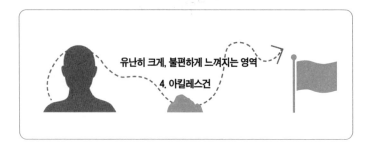

유난히 크게, 불편하게 느껴지는 영역
4. 아킬레스건

히 질문할 차례다.

"유난히 크게 느껴지는, 불편한 상황이 있는지 궁금해요."

인간의 아킬레스건은 정말 범주화하기 어렵다. 하지만 망망대해를 헤엄치는 것보다는 그래도 큰 섬 몇 개를 찍어 항해를 하는 것이 훨씬 낫다.

일단 '감각', '상황', '대상' 3개로 분류해 볼 수 있겠다. 이야기를 이끌어 내기 위해 팀장부터 솔직한 내면을 보이며 밑밥을 던지는 것도 방법이다.

1. 유난히 마음이 쓰이는/불편한 감각이 있나요? 이를테면 소리나 냄새 같은 것이죠.

   팀장의 밑밥 "저는 어렸을 때부터 소리에 많이 예민했습니다."

2. 유난히 마음 쓰이는/불편한 상황이 있나요? 이를테면 태도나 상황 같은 것이죠.

   팀장의 밑밥 "저는 시간 약속을 지키지 않으면 많이 화가 나요."

3. 유난히 마음 쓰이는/불편한 대상이 있나요? 이를 테면 특별한 인간관계 같

은 것이죠.

팀장의 밑밥 "저는 우리집 반려동물이 아픈 손가락이에요. 현재 나이가 많아 걱정이 되거든요. "

물론 정해진 분류는 없다. 익숙하지 않은 대화이다 보니 작은 것부터 끄집어내며 '이런 사소한 것도 이야기해도 되는 거구나'라는 반응을 이끌어 내기 위한 그 어떤 질문도 적합하다.

바보야,
문제는 아킬레스건이야

어디서든 그런 사람이 있다. 두루두루 사람들과 잘 어울리고 어떤 자리에서든 편안해 보이는 사람말이다. 어렸을 때부터 까다롭기라면 어디 가서 뒤쳐진 적이 없던 나로서는 그들이 참 부러웠다. 동료 A가 그런 사람이었다. A와 제법 가까워졌을 무렵 그에게 어떻게 그렇게 많은 이들에게 사랑받을 수 있는지 비결을 물어봤다. 원래 타고난 것이라 여겼던지라 기대 없이 던진 질문이었지만 그는 의외의 답을 했다.

"흠, 최소한 상대가 싫어하는 것은 하지 않으려 노력해요."

생각해 보니 그랬다. 그는 주변을 참 주의 깊게 관찰하곤 했다. 대표적인 게 '음식'이었다. 우리가 처음 만났을 무렵이니 10년은 족히 되었을 텐데 그는 그때 식사 메뉴를 기억하고 있었다. (우리는 그날 카레를 먹었다.) 기억력이 어쩜 그리 좋냐는 물음에 그가 이렇게 답했다.

"아, 그때 카레를 별로 좋아하지 않는다고 하셔서 기억하고 있었어요. 다음 식사 약속을 잡을 땐 피하려구요."

그는 상대가 싫어하는 것을 하지 않기 위해 많은 시간을 썼다. 그 노력이 어떤 의미인지 깨달은 것은 외부의 리더 교육 자리에서였다. 교육에서는 늘 익명으로 사전 설문을 진행한다. 조직이나 직책, 직무에 따라 고민은 다를 테니 여러 의견을 듣는 것이다. 답변은 참으로 다양하다. 하지만 어디서도 빠지지 않는 볼멘소리가 있다.

"요즘 친구들 너무 까탈스러워요. 꼰대라고 할까 봐 무슨 말을 못하겠어요."

풀어보면 대충 이런 이야기다.

'이래도 불만, 저래도 불만 대체 어느 장단에 춤을 추라는 건지 모르겠다.'

'예전엔 회사에서 이렇다면 군말 없이 따랐을 텐데 요즘 애들은 너무 예민하게 군다.'

'이게 그렇게까지 할 일인가 싶다.'

오은영 박사님 탓을 하는 이도 있었다.

'오은영 박사님이 문제예요. 한 명 한 명 사정 봐주는 게 정답이

되어버리니까 교사나 부모 같은 리더의 권위도 땅에 떨어지고 조직에 기준도 없어지는 것 같아요.'

리더로서의 고충이 여실히 느껴졌다. 어떤 일을 겪었을지도 대충 그려졌다. 본인 지시에 표정이 굳은 팀원의 눈치를 보는 자신에게 자괴감을 느꼈다거나, '회식도 야근 아니냐'고 묻는 팀원 앞에서 할 말을 잃었다거나 뭐 그런 상황 말이다. 조직엔 원칙이 있고, 리더에겐 권위가 있어야 하는데 맥락없이 불만만 이야기하니 이게 뭔가 싶을 수도 있다.

하지만 몇 가지 오해가 있다. 오은영 박사님은 기준 없이 다 맞춰주라고 한 적이 없다. 그의 메시지는 이렇다.

'아이에겐 분명 이유가 있을 겁니다. 그 이유를 알기 위해서 당신의 시간을 쓰세요.'

마찬가지다. 우리의 팀원에게도 이유는 있다. 유난히 크게 불만을 갖는 그 영역에는 반드시 사건이 있고 사연이 있다. 이것이 바로 그의 '아킬레스건'이다. 리더가 나의 아킬레스건을 보호하려 노력할 때 팀원은 안전함을 느낀다고 나는 믿는다.

너무 예민한 게 아니라
너무 중요해서

여러분은 내 팀원들의 아킬레스건을 생각해 본 적이 있는지 묻고 싶다. 아마 '아킬레스건'이라는 키워드조차 들여다본 적이 없을 것이다. 하지만 대부분 팀원들을 보며 이런 볼멘소리를 해 본 적은 있을 것이다.

'저렇게까지 예민할 일이야? 참내….'

흔히 '요즘 애들'을 연상했을 때 머릿속에 그려지는 순간이다. 자기 할 말 다 하고, 어떨 땐 지나치게 반응하곤 하는 모습에 우린 '예민'이라는 태그를 붙인다. 예를 들어 이런 경우다.

예민왕 Ep1 영어 발음 사건

팀 스터디를 하던 날이었다. 각자 요즘 트렌드를 주제로 공부한 내용을 공유하는 자리였는데, A는 '폴인fol:in'이라는 매체에 실린 인터뷰를 소개했다. "저는 폴인의 사례를 가지고 왔는데요." 순간 팀원 F가 '풋' 하고 웃었다. "순간, foreign이라는 줄 알았어요." 워낙 실없는 농담을 잘하는 F였던지라 모두 그런 가보다 하고 넘어갔지만 A는 불편한 기색이 역력했다.

예민왕 Ep2 인스타 사건

팀장은 팀원 B와 면담 중이었다. 요즘 사기가 좀 떨어진 것 같아서 동기 부여가 될 만한 이야기를 해주고 싶었다. 마침 다른 팀원에게 들은 이야기가 있어서 그것을 전했다. "요즘 주말마다 팝업 열심히 다니던데?" 아이디어가 톡톡 튄다는 칭찬을 이어 하려던 찰나 B가 당황스러운 기색으로 반문한다. "아, 그걸 팀장님이 어떻게 아셨어요?" 팝업 사진을 인스타에 올렸다는 걸 얼핏 들었다는 팀장의 말에 B의 표정이 눈에 띄게 굳는다. 나중에 다른 팀원을 통해서 들으니 B는 팀장이 자신을 염탐했다고 생각했다.

예민왕 Ep3 1분 사건

팀원 C는 회의시간이 가까워지면 유독 초조해 보였다. 연신 시계와 회의실 문으로 시선을 왕복하며 어쩔줄 몰라했다. 그의 초조함이 짜증으로 변환되는 건 회의 예정 시간을 지난 그 순간이다. 늦은 이들이 한 명 두 명 들어올 때마다 C는 한숨을 쉬며 눈치를 줬다. 급한 업무를 보느라 늦은 동료들이 C의 안색을 살피느라 바쁘다. 이는 거래처 전화를 받다가 1~2분 지각한 팀장도 마찬가지다.

까칠하고 예민해 보이는 A, B, C가 여러분의 팀원이라면 어떻게 해야 할까? 한숨부터 나올 수 있다. '이런 것까지 맞춰주고 살아야 하나' 싶은 자괴감을 느낄 수도 있다. 하지만 어떤 리더는 한숨 대신 방법을 찾는다. 이것이 바로 그들의 행동을 '까칠함'이 아닌 '취약점'으로 해석하는 것이다. 그리고 이를 보호하기 위해 시간을 쓴다. 앞의 상황을 예로 들어보면 이렇다.

영어 발음을 지적 당하자 표정이 굳은 A, 본인 인스타를 둘러 봤다고 까칠해진 B, 회의시간 1분 지각에 목매는 C. 이들은 모두 나와 함께 일했던 이들이었다. 처음엔 그들의 예민함이 불편했다. 싫을 순 있겠지만 그렇게까지 티를 내야 했을까 싶었다. 그런 나의 생각도 눈빛과 한숨으로 그들에게 전달됐을 터이다. 그때 나는 조금 더 괜찮은 팀장이 될 수도 있었다. 그들이 그렇게 행동하는 이유를 알고자 시간을 썼다면 말이다. 그렇다. 그들에겐 각자의 이유가 있었다.

영어 발음 하나로 인상을 구긴 A에겐 영어가 컴플렉스였다. 이를 깨보려 어학연수도 갔지만 결국 우울증만 얻어 돌아왔다. B는 취업 준비를 하던 시절 한 면접관이 자신의 인스타그램을 찾아 봤다는 사실을 알고 몹시 당혹스러웠던 경험이 있다. 회의시간 1분 지각에 목매는 C의 아버지는 군인이었다고 했다. 어린 시절부터 그는 약속 시간 앞에서 늘 긴장했었다. 예정된 시간보다 5분 일찍 나와도 야단을 맞았다. 이 철두철미한 규칙은 그의 DNA에 각인된 것마냥 늘 그를 압박했다. 이 이야기를 털어놓으며 C가 쑥스러워했다.

"저도 알아요. 제가 참 빡빡하게 산다는 거."

"그런 일이 있었군요. 힘들었겠어요."

그가 갑자기 고개를 푹 숙였다.

"죄송해요. 제가 너무 예민하게 굴어서 곤란하셨죠?"

모두에겐 각자의 이유가 있었다. 시간이 꽤 흐른 후에 우연히 그걸 알았을 때 나의 기분은 정확히 이랬다.

'너무 아쉽다.'

조금 더 일찍 알았다면 많은 것을 할 수 있었다. 까칠하게 반응하고 오해했던 그 시간을 아꼈다면 우리는 훨씬 많은 것을 해냈을 것이다. 이유를 알자 팀장인 내가 할 수 있는 일들이 명료해졌다.

처음 리더의 질문이 중요하다는 사실을 깨닫고 가장 많이 했던 질문은 이것이었다.

'팀원들은 무엇을 원할까?'

그래서 목표와 강점, 엔진을 참 열심히도 묻고 다녔다. 신기한 건 그 질문의 시간이 켜켜이 쌓인 언젠가부터 팀원들이 다소 무거운 이야기를 꺼내 놓기 시작했다는 것이다. 예를 들면 이런 것들이다.

'사실 저는 이런 상황이 불편했어요. 왜냐면⋯.'

'사실 이럴 때마다 마음이 안좋았는데 제가 너무 예민한 것 같아 말씀을 못 드렸어요.'

'사실 이게 마음에 걸려서 감정 소모가 컸어요.'

그들은 자신의 아킬레스건에 대해 이야기했다. 의견을 내도 안전하다는, 팀장님은 나를 대충 판단하고 지레짐작하지 않을 것이라는 믿음이 쌓인 결과였다. 그간 내가 쓴 시간들은 팀원들에게 월계관을 씌워주는 데에만 초점을 맞췄던 것 같다. 그들이 이루고자 하는 목표를 물었고, 신나게 성과를 낼 수 있는 패턴, 각자를 움직이게 하는 동기 패턴을 물어봤다. 정작 중요한 '아킬레스건'은 놓치고 있었던 것이다. 팀원들에겐 '원치 않는 상황을 만들지 않으려 노력하는' 리더도 필요했다.

하지만 이렇게 생각하는 팀장들도 많을 것이다.

'일하기도 바쁜데 그렇게 하나하나 체크해야 하나요? 피곤하다, 정말.'

대문자 T의 입장으로 설명해 보겠다. 당신이 팀장으로서 팀원들의 아킬레스건을 들여다봐야 하는 까닭은 분명하다. 존중받지 못하는 아킬레스건은 팀에 균열을 만들기 때문이다. 이것은 이성과 논리의 영역은 아니다.

사람은 결국 감정의 동물이다. 존중받지 못한 아킬레스건은 감정에 영향을 끼친다. 물론 쉬운 일은 아니다. 내가 이해할 수 없는 구석으로 예민할 경우에는 아무리 노력해도 '왜 저러지?'로 귀결될 수밖에 없다. 이때 쓸 수 있는 마법의 주문이 있다.

'반드시 내가 알지 못하는 이유가 있을 것이다'

의외로 호불호가 갈린다는 오이를 예로 들어보자. 나는 오이의 아삭아삭한 식감을 좋아한다. 하지만 동료 A는 '오이'라는 말만 들어도 눈살을 찌푸렸다. 식당에 갈 때마다 '오이 안 들어갔죠?'를 달고 살았다. '뭐 저렇게 먹는 것에 예민해?' 싶었지만 이유가 있었다. 그는 나보다 오이의 쓴맛을 1000배 더 느꼈던 것이다.

오이의 꼭지 주변에는 쓴맛을 내는 '쿠쿠르비타신'이라는 물질이 함유돼 있다. 미국 유타대 연구에 의하면, 유전자 차이로 오이의 쓴맛에 대한 민감도가 다를 수 있다고 한다. 인간의 7번 염색체에는 TAS2R38 유전자가 있는데 이 유전자 중 PAV형(프롤린-알라닌-발린)을 가지고 태어나면 다른 사람보다 쓴맛에 100~1000배 더 민감하다. 그리고 오이 특유의 향은 알코올성 물질인 2, 6-노나디엔올 때문인데 후각에 예민한 사람들은 이 냄새를 비리다고 인식한다.

분명히 내가 유난히 매직 소리를 힘들어하는 데에도 이유가 있을 것이고, 특정 농담에 눈살을 찌푸리는 사람 또한 과거의 경험이 있을 것이다. 그래서 나의 결론은 이것으로 마무리된다.

예민한 것=그만큼 중요한 것

그러니 이때 필요한 반응은 '너 왜 그렇게 예민하게 굴어?'가 아니라 '당신에겐 무엇이 중요합니까?'이다. 이것이 팀장이 던져야 할 질문이다. 분명히 이유가 있을 테고, 그것이 당신에게 중요한 것이니 조심하고 싶다는 메시지를 담은 질문이다.

한 번은 이런 일도 있었다. 옆 팀 팀장이 깊은 한숨을 쉬어서 이유를 물으니 팀원들 사이에 사소한 일로 갈등이 생겼다고 했다. 팀내 업무가 조정되면서 A가 B에게 프로젝트를 인수인계를 해야 하는 상황이었다. 문제는 A가 차일피일 미루며 업무 파일을 공유하지 않았던 것이다. B는 거듭된 요청해도 좀처럼 답이 오지 않자 점점 화가 났다. 아니나 다를까 업무 공유가 제대로 되지 않은 탓에 소소한 문제가 터지기 시작했고 B는 팀장에게 불만을 토로했다. B는 A가 무책임하다고 여겼다. 일도 일이지만 이대로는 팀워크가 무너지겠다 싶어 팀장이 나서서 A에게 면담을 요청했다. 한참 팀장의 말을 듣던 A는 고개를 푹 숙이며 예상치 못한 말을 꺼내 놓았다.

"나잇값을 못하는 게 너무 두려웠어요."

이유가 있었다. A는 7년 차 경력직 입사자였고, B는 공채 출신 3년 차였다. A는 경력직 선배로서 자신이 B를 이끌어 줘야 한다고 여겼다. 그런데 업무 조정 과정에서 자신의 일을 B에게 넘겨야 하는 상황이 생겼다. 허투로 주긴 싫었다. 그래서 그간의 자료를 모두 정리하고 후배가 보기 쉽게 업무 가이드도 만들기 시작했다. 그런데 문제는 A에게 다른 업무들이 많아 좀처럼 진도가 나가지 않은 것이다. 그 사이 B는 여러 차례 독촉했지만 A는 미완성된 버전을 공유하면 대충 일하는 선배로 생각할까 싶어 차일피일 미뤘다.

A의 아킬레스건은 '무능력한 선배 프레임'이었다. 팀장도, B도 이를 캐치하지 못해 불필요한 에너지를 쓰고 말았다. 이 사연을 전해 들은 B는 고개를 끄덕였다. 몰라서 생긴 오해가 너무 깊었던 것이다.

팀장부터 자기소개하듯, 둘러앉아 함께

누누이 이야기하지만, 팀장의 자리에서 중요한 건 취조가 아닌 질문이다. 질문을 요령 있게 잘하고 편안한 대답을 얻으려면 팀장이 켜켜이 쌓아놓은 소소한 신뢰의 공기가 반드시 필요하다. 그리고 이 신뢰의 밑바탕을 만들기 위해서는 팀장이 먼저 자신의 치부를 드러내야 한다.

팀장부터 자신의 '불편한 순간'을 이야기하는 것은 생각보다 강력하다. '팀장님이 때로 예상치 못한 반응을 보이는 건 유독 그 부분이 중요해서였구나. 그럼 나는 어떤 게 유난히 불편했을까?'라고 생각할 수 있는 계기가 될 수 있기 때문이다.

내가 털어놓은 나의 아킬레스건은 역시나, 소음이었다.

"저는 매직을 사용할 때 생기는 소리를 잘 못 들어요. 방금도 여러분이 매직으로 아이디어를 적어 내리는데 뒷목이 뻐근할 정도로 힘들었던 것 같아요. 저도 제가 소리를 다른 이들보다 조금 크게 인지하는 것을 잘 알고 있고, 에어팟을 끼고 사는 것도 이런 이유예요. 제가 근무 시간에 에어팟을 끼고 있으면 그건 '말 걸지 마!'라는 신호가 아니라 '지금 주변 소음이 조금 힘든 상황입니다~' 정도로 이해해 주면 좋을 것 같아요."

　내 이야기를 가만히 듣고 있던 팀원들도 자신의 이야기를 하기 시작했다. 군인 아버지의 영향으로 갖게 된 시간 강박에 대해, 과거 인스타에서 발발한 지인과의 오해와 갈등 등 기다렸다는 듯 이야

기를 꺼냈다. 모두에겐 이유가 있었다. 이를 계기로 만든 것이 '나 소개서'다. 마침 신규 입사자가 있던 상황이라 각자를 소개하는 페이지를 만들었는데 무엇을 좋아하고, 잘할 수 있는지에 대해 적은 것이다.

'나 소개서'의 질문에는 '저는 이런 게 불편해요'라는 꼭지가 있다. 적은 내용을 나누는 과정에서 그 이유도 들을 수 있었다. 몰랐다면 '왜 저렇게 예민해?' 싶었을 것들이 '그래서 그랬구나'의 단계로 넘어가는 신기한 경험이었다.

"단순히 칭찬을 위한 칭찬은 불편해요."

(칭찬 일색이던 교수님에게 정작 평가는 낮게 받았던 경험)

"공격하기 위한 피드백이 불편해요."

(장난삼아 남을 비하하는 친구로 인한 상처)

"남녀차별이요. 차이는 인정하지만 차별은 불편해요."

(차별받은 성장과정)

"갑작스러운 일정 변경이 저에겐 불편해요."

(계획적인 대문자 J라 즉흥적인 업무가 불편)

한 명에게 묻는 것보다 모두에게 묻고 이야기하면 훨씬 많은 이야기가 나온다. '이 팀에선 아무리 사소할지라도 내가 신경 쓰는 것을 같이 신경 써 준다'라는 메시지가 흐르기 때문이다.

답을 들었다고 끝은 아니다. 가장 중요한 건 앞으로 그것을 특별히 더 신경 쓰는 것이다. 예를 들어 소음이 힘든 누군가가 에어팟을 고막마냥 붙이고 다닌다고 눈치 주지 않고, 오이가 들어있는 메뉴는 팀 식사에서 처음부터 제외하고, 시간 약속에 민감한 팀원과의 회의는 5분 일찍 착석하는 것. 단언컨대 이런 과정들은 켜켜이 쌓이고 이 노력은 사소할지언정 결과는 결코 사소하지 않다.

잘못된 표현 찾아보기

내면의 부정적인 견해를 물어보는 질문은 신뢰가 덜 쌓인 상황에서는 오해를 부를 수도 있다. 이를 방지하기 위해 알아두면 좋은 오답 노트를 소개한다. 아킬레스건을 묻고 이야기하는 과정에서 나온 다음의 3개 문장에서 잘못된 표현을 찾아보자.

1번 문장. "특별히 싫어하거나 예민해지는 상황이 있나요?"

잘못된 표현은 무엇일까?

_____

2번 문장. "사실 저도 그때 왜 저렇게까지 반응하지 싫긴 했어요."

잘못된 표현은 무엇일까?

_____

3번 문장. "동료 b나 c도 눈치를 보는 것 같던데요."

잘못된 표현은 무엇일까?

___

1번 문장 **"특별히 싫어하거나 예민해지는 상황이 있나요?"**

➪ '싫어하다'는 표현엔 부정적 뉘앙스가 깔려 있고 '예민하다'는 표현은 '지나치다'는 의미를 갖는다.

'싫다'나 '예민하다'라는 키워드 대신 '불편하다'는 표현을 추천한다. 상대나 상황을 부정적으로 여기거나 지나치다고 전제하는 게 아니라 그저 편하지 않은 상황을 묻는 것은 작지만 큰 차이를 만든다. 다음의 문장을 연기하듯 읽어 보자.

'매직소리가 싫어요.' ➪ 고개를 좌우로 젓는다. 부정적인 표현

'매직소리에 예민해요.' ➪ 까다로운 표정을 짓는다. 지나치다는 표현

추천 : '매직소리가 불편해요.' ➪ 난감한 표정을 짓는다. 걱정된다는 표현

사소하지만 전혀 다른 뉘앙스를 풍긴다. 이러한 사소함은 작지만 강력한 힘을 발휘한다.

2번 문장 **"사실 저도 그때 왜 저렇게까지 반응하지 싶긴 했어요."**

여러 번 아차 싶었던 순간이다. 상대의 이야기를 듣고 있는데 나도 모르게 그때의 얕은 속마음을 내보였던 것이다. 한 정신과 의사가 누군가를 지지하고 싶거든 '충조평판'을 하지 말라는 조언을 했다. 충고하거나 조언, 평가, 판단하지 말고 마음으로 듣고 공감해 주라는 것. 그 말의 참뜻은 실수를 한 순간 깨달았다. 어렵사리 털어놓은 상대의 아킬레스건을 평가한 것이다. 이럴 경우 팀원은 위축될 수밖에 없다.

3번 문장 **"동료 b나 c도 눈치보는 것 같던데요."**

절대 하지 말아야 할 실수다.

오래된 기억 중 잊히지 않는 순간이 있다. 나와 갈등을 겪고 있던 한 동료와의 식사 자리였다. 그가 대뜸 동료들을 개입시켰다. 'OO 과장도 너를 언짢아하는 눈치고, OO대리도 말은 안 하지만 말을 옮기고 다니는 것 같다'는 것이다. 참이든 거짓이든 상관없이 그의 말은 듣기 편하지 않았다. 사실 여부와 상관없이 제3자의 말을 옮기는 것은 오해를 부르고 팀에 균열을 일으킨다. 애써 쌓아놓은 질문의 탑이 한순간에 무너지는 것이다. 이것이 팀장의 입을 통해서 전달됐다면 더욱 그렇다. 이는 모든 팀원들의 아킬레스건이다.

CHAPTER 6

팀장의 조력 포인트는 무엇인가?

팀장의 질문 "팀장으로서 무엇을 도울 수 있을까요?"

리더가 팀원을 도울 수 있는 방법은 상황에 따라 다르겠지만 이 것 하나만은 추천하고 싶다.

'문제를 팀원이 아니라 구조에서 찾아보는 것'

한 선배와의 대화가 오랫동안 잊히지 않는다. 사람마다 마의 구 간이 있다. 이른바 '삼재'라고 하던 시절이다. 일은 많았고, 일이 많으니 실수가 잦았고, 실수하니 일은 더 많아졌다. 중요한 프로 젝트에서 고객사의 항의를 받고 멘탈의 바닥을 본 날, 선배가 나를 불렀다.

"윤경아, 실수가 반복되면 뭔지 알아?"

평소 나를 아껴주던 선배였던지라 제대로 쓴소리를 하나 싶어서 나부터 어깃장을 냈다.

"뭐긴 뭐예요. 실수가 반복되면 그게 실력이지…."

"아니. 너 같은 애한테 실수가 반복되면 그건 실력이 아니라 시스템의 문제야. 지금 상황에서 구조적으로 내가 도와줄 수 있는 게 뭐가 있을까?"

한마디 위로나 동기부여 대신 그가 건넨 것은 '구조적인 해결책'이었다. 당시의 시스템은 일의 가짓수가 많았고, 내 차례에서 병목이 생기는 구조였다. 이 시스템을 바꾸자는 것이 선배의 생각이었다. 시간이 한참 흐른 뒤 당시 나의 감정을 정의할 수 있었다. 나는 그때 진심으로 '안전하다'고 느꼈다. 잘못이 있어도 팀원의 탓을 하기 앞서 구조의 문제를 들여다보자는 선배의 한마디가 만든 결과다.

어깨에 큰 짐을 진, 책임감이 강한 이들일수록 번아웃이 험하게 온다고 생각한다. 그 이유 중 하나는 주변의 기대를 충족시키지 못한 자신에 대한 실망이다. 많은 경우 리더나 선배, 동료가 그것을 해결해 주지 못한다. 다만 그 짐을 함께 감당해 보자고 손을 내밀 순 있다. 이 질문은 그 첫 단추다.

"제가 어떤 도움을 드릴 수 있을까요?"

팀장이 팀원을 도울 수 있는 방법은 대신 그 일을 수행해 주는 것보다는 앞에 놓인 돌부리를 치워주는 것이라고 생각한다. 머릿속에 그림을 그려보자. 저 앞에 깃발이 있고, 팀원은 저기까지 바퀴를 굴려야 한다. 중간에 놓인 돌부리는 무엇이 있을까?

- 경험이 적은 팀원 : 경험의 부족과 좁은 시야
- 내향적인 팀원 : 난관도 혼자 해결하려는 고집
- 완벽주의 팀원 : 중간상황을 공유하지 않는 습관
- 육아 및 개인사가 많은 팀원 : 좀처럼 만들어지지 않는 덩어리 시간

당최 풀릴 것 같지 않은 난제를 해결하는 것은 많은 경우 '질문'이었다. 책의 서두에서 언급한 '오밤중 메일 사건'을 기억한다면 그 이

야기를 다시 한 번 살펴 보자.

Ep1 오밤중 메일 사건

A는 팀에서 정시 퇴근의 아이콘이었다. 야근 시즌에도 늘 먼저 일어나는 A가 다른 팀원들 눈에 마뜩잖았다. 그런데 문제는 엉뚱한 데서 불거졌다. 잦은 야근으로 인해 팀원들의 피로가 누적된 상황에서 A가 연이틀 새벽 메일을 보내서 팀원들의 잠을 깨운 것이다. 중요한 시기라서 메일 알람을 꺼놓을 수도 없던 때였다. 팀원들의 볼멘소리가 팀장에게도 들려왔다.

"본인 업무 마치고 정시 퇴근하는 것까지 뭐라고 하는 건 아닌데요. 예약 발송 기능은 폼으로 있나요? 왜 새벽에 메일을 보내죠? 그것도 긴급한 건도 아니던데요. 너무 배려 없는 거 아닙니까?"

A와 대화를 해야 했다. 일상적인 이야기를 나누다 요즘 어려운 점은 없는지를 물었다. 한참 커피잔 모서리만 매만지던 A가 의외의 말을 꺼냈다.

"힘들죠. 몸보다 마음이요. 민폐캐가 되는 것 같아서요."

의외였다. 평소에 전혀 내색하지 않았던 감정이었다.

"어차피 야근은 제 상황에 사치예요. 간병인과 바통터치를 해야 해서."

"그런 사정이 있었군요. 몰랐어요. 팀원들에게 공유하지 않은 이유가 있나요?"

"제가 그래도 고참이고 선배인데 핑계 대는 것 같았어요. 핑계 댈 시간에 일을 하는 게 맞겠다 싶었고요. 그래서 간병 마치고 그제 야 업무를 시작하게 됐어요."

퍼즐이 맞춰졌다. 그는 좀처럼 호들갑을 떨지 않았다. 집안일과 회사 일은 칼같이 선을 긋던 그라 '제 상황을 좀 봐주세요'란 말을 하지 못했던 것이다.

"아, 그래서 새벽에 메일을 자주 보낸 거였네요."

"네. 좀 유치하지만 일부러 예약발송을 걸지 않았어요. 그렇게라 도 티 내고 싶었나 봐요. 제 나름의 최선을 다하고 있단걸요. 그런 데 지금 생각해 보니 너무 제 생각만 했나 보네요."

전혀 예상치 못한 속내를 들으며 아찔했다. 만약 처음부터 예단 하고 훈계했다면 어떻게 됐을까. 그렇게 새벽에 메일이나 보내면 서 배려 없이 굴면 팀원들이 싫어한다는 말부터 전했다면 어떻게 됐을까. 콩닥거리는 마음을 부여 잡으며 질문했다.

"A를 돕고 싶어요. 제가 팀장으로서 무엇을 해줄 수 있을까요?"

한참 생각에 잠겼던 A가 눈을 마주치며 담백하게 얘기했다.

"무책임한 선배로 오해받고 싶지 않아요."

이 경우 팀장이 치워줘야 할 돌부리는 '다른 팀원들의 오해'다. 사정이 이러하니 봐주자는 감정적인 호소는 A가 원하는 것은 아닐 것이다. 현재 A의 현실적인 업무 감당능력을 공유하고 이에 최적화된 R/R을 나누기 위해 무엇을 할 수 있을지 고민하는 게 팀장의 할 일이다.

팀장이라면 팀원 간의 갈등은 피할 수 없는 문제다. 타고난 성향이 안 맞을 수도 있지만 서로의 삶을 살아보지 않아서 생기는 일들도 숱하다. 그중 대표적인 게 '가족'이다. 위에서 언급한 간병 이슈도 있지만 좀 더 보편적인 것은 '임신, 출산, 육아'이다. 비혼 인구가 많아지는 추세이니 아이의 유무에 따라 팀원들 사이의 오해는 사실 예견된 바다. 내가 겪어보지 않은 이상 남의 사정은 핑계로 읽히기 때문이다. 이때 쓸 수 있는 좋은 팁을 나는 여행차 탑승한 비행기 안에서 얻었다.

막 탑승해서 짐을 싣고 자리에 앉으려는데 아이를 안은 아이 엄마가 작은 봉지 하나를 건넸다. 감사하다는 인사를 전하고 봉지를 뜯으니 초콜릿과 함께 쪽지가 적혀 있다.

"저는 인천에 사는 2살 00입니다. 좋아하는 뽀로로 장난감과 쪽쪽이를 잔뜩 챙겨왔지만, 비행기가 처음이라서 울 수도 있을 것 같아요."

TV에서나 보던 에피소드였던지라 흥미롭기도 했지만 효과는 쏠 쏠했다. 소음에 예민한 편이었지만 아이가 우는 소리엔 짜증이 나 기보다 걱정이 앞섰다.

상대에 대해 안다는 건 생각보다 힘이 셌다. 동료의 육아에 관한 생각도 마찬가지일 것이다. 이 일 이후로 HR팀장으로서 전사적으 로 〈아이레터〉라는 제도를 만들었다.

육아휴직 후 복직한 동료, 그리고 그들의 아이에 대해 팀원들을 대신해 편지를 전해주는 내용이다. 때로는 이런 제도적인 시도가 문제를 해결한다.

Ep2 워커홀릭 K-대리 사건

팀장으로서 B는 조커 같은 존재였다. 능력이 워낙 뛰어나서 무 슨 업무든 해결사 그 자체였다. 능력만 좋은 게 아니었다. 태도도 으뜸이었다. 다른 팀원들이 좀처럼 나서지 못하는 일에도 어김없 이 손을 들었다. 밤을 새우는 한이 있더라도 맡은 일은 완벽하게 처리했다. 이런 팀원과 함께 일하는 것이 복이라고 생각했다. 하지만 사달은 어느 날 갑자기 났다. 그가 쓰러진 것이다. 두어 시간 전만 해도 메신저로 업무 이야기를 했는데 무슨 일인가 싶었다. 하지만 백업을 위해 B의 업무리스트를 훑어보고야 아뿔싸 싶었다. 감당하지 못할 업무를 맡긴 것은 팀장인 나였다.

며칠간 휴식을 취한 뒤 업무에 복귀한 B와 마주 앉았다. 현재 몸의 상태를 물었고, 이어서 중요한 질문을 했다.

"늘 번쩍번쩍 손을 들어주어서 제게는 너무 고마운 일이었는데 이번 일을 겪으며 제가 오판했다는 사실을 깨달았어요. 업무량이 너무 과했어요. 혹시 일이 넘친다고 말하지 못한 이유가 있었나요?"

"팀장님도 안 그러시잖아요. 그런데 제가 그럴 순 없죠."

진짜 아뿔싸였다. 사실이다. 나는 휴가 중에 일을 하는 것도, 일이 넘쳐도 다 감당하는 것이 일종의 훈장이라 여기며 일했다. 팀장으로서 책임감을 보여주는 것이 당연하다는 미련한 자부심도 느꼈다. 하지만 이런 태도가 나와 오랜 시간을 합을 맞추며 일한 B에게 잘못된 지침을 내린 참고서처럼 되어버렸던 것이다. 한참을 이야기한 후 합의에 이르렀다. 과다한 업무는 길게 봤을 때 결코 팀을 위한 일이 아니라는 것에 우린 동의했다. 그리고 그에게 물었다. 무엇을 도울 수 있을지.

"저는 사실 조금 성격이 급한 편이라 뒷일도 생각하지 않고 습관처럼 제가 처리하겠다고 손을 드는 편이에요. 그러고 나서는 아차, 싶을 때도 있어요. 그래서 말인데, 팀장님께서 세 번 정도만 다시 물어봐 주세요. 진짜 괜찮냐고. 세 번쯤 질문을 받으면 고민하고 신중하게 판단할 수 있을 것 같아요."

결국 내가 치워야 할 돌부리는 B의 K-대리 마인드였다.

Ep3 시니컬좌 사건

C는 참 예리한 후배였다. 'Miss Right'이라고 불릴 정도로 옳은 소리를 참 잘했다. 다른 이들이 미처 보지 못한 지점에서도 틈새를 찾아내 지적하는 통에 그가 참여한 회의는 길어지긴 했지만 얻는 것이 많았다. 하지만 부작용도 있었다. 일은 일일뿐인 걸 알지만 문제점이 들춰진 다른 팀원과의 사이가 마냥 좋진 않았던 것이다. 그날 회의에서도 그런 감정 다툼이 있었던 모양이다. 마음에 안 들어 죽겠다는 표정으로 회의실을 나서는 C를 불러 세워 회의는 어땠냐고 물었다. 한참 불만과 고충을 털어놓던 그에게 대뜸 물었다.

"그런 일들이 C에게도 좀 버거울 것 같은데, 어때요?"

그는 잠시 말을 잇지 못하더니 얕은 숨을 내쉬었다.

"그렇죠. 저라고 미움받는 게 좋겠어요? 지금 이 말을 하지 않으면 분명 회의가 이상한 데로 흐를까 싶어 말하는 거죠. 동료들은 상처를 받겠지만요. 그런데 모르겠어요. 이런 악역을 하는 게 맞는 일인지."

"그런데 왜 동료들이 상처를 받는다고 생각해요?"

"그거야 자기 잘못을 일일이 따지니까요."

"그런 부정적 피드백이 항상 상처를 만들까요?"

"그건 아니겠죠. 어떤 관계에 있는 사람이 어떻게 말하느냐에 따라 다르게 전달되기도 하니까."

"그럼 C는 그들에게 어떤 동료에요?"

그가 또 생각에 잠겼다.

"글쎄요. 제가 그들에게 어떤 동료일까요?"

전에 없이 주눅 든 모습이었다. 도울 게 있을 것 같았다.

"제가 어떤 것을 도울 수 있을까요?"

"제가 동료들에게 어떤 영향을 끼치고 있는지 객관적으로 알고 싶어요. 그러려면 솔직하게 이야기해 주셨으면 좋겠어요. 괜히 상처받을까 싶어 둘러 하는 말이나 그냥 좋은 말 말고요."

이 경우 내가 치워줘야 할 돌부리는 '동료의 감정에 대한 무관심' 이었다. '옳은 소리'가 통하려면 전제되어야 할 동료와의 신뢰에 대해 이야기해 주는 게 큰 도움이 될 것이라 여겼다. 이렇게 시간을 들여 찾은 돌부리는 분명 팀 운영의 귀한 힌트가 된다. 문제는 자신의 부족한 점을 직책자에게 털어놓는 것이 아직 우리나라에서는 상당히 어색하다는 것이다. 이번에도 역시 미리 만들어야 하는 공기가 있다.

'도와줄 거 있으면 말해'는 힘이 없다

한국인의 3대 빈말이 있다.

"언제 밥 한번 먹자."

"나중에 연락할게~"

"도와줄 거 있으면 말해."

이 중 '도와줄 거 있으면 말해'는 상대방이 진심으로 나를 도와주고자 한다기보다는 으레 하는 말로 통용되기에 대답도 "네, 감사합니다."가 자동으로 나온다. 실제로 도움이 필요하든, 그렇지 않든 아무 상관이 없다.

그럼 좀 더 적극적으로 도움의 의지를 피력하기 위해 어떤 질문을 던져 볼 수 있을까?

가장 쉬운 답은 "제가 도와줄게요."일 것이다. 하지만 때로 이 문장은 일방적이다.

2022년 JTBC에서 방영된 〈나의 해방일지〉의 한 장면을 떠올려 보면 쉽다. 극중 여주인공 미정이 다니는 회사의 행복지원센터 담당자는 계속 그에게 전화를 걸어 동호회에 들라는 제안을 한다. 얼핏 보면 미정의 소속감을 증진시켜주기 위한 노력으로 해석할 수 있다. 하지만 미정은 원치 않는다. 나름 돕자고 한 권유가 졸지에 폭력이 된다. 실제로 이 드라마를 본 많은 이들이 이런 표현을 썼다. 나 역시 회사에서 소속감을 '강요 당하는' 것 같다고 말이다.

나 역시 비슷한 경험이 있다. 슬럼프에 빠진 동료가 눈에 띄었다. 어떻게든 그에게 도움이 되고 싶어서 이것저것 도와주겠다고 적극적으로 손을 내밀었다. 그러자 한 번은 그가 갑작스레 언성을 높였다.

"누가 도와 달랬어? 사람 비참하게 왜 이래? 도와 달라고 하기 전엔 함부로 도와주려 들지 마."

그에게도 이유가 있었다. 내가 그럴수록 스스로가 초라하게 느껴진다고 했다. 내가 간과했던 것은 그와 나 사이의 공기였다.

'도와줄 거 있으면 말해'도 아니고 '내가 도와줄게'도 아니었던, 제3의 질문을 찾은 건 한 선배의 말에서였다.

당시 나는 헤매고 있었다. 새로운 프로젝트를 진행해야 하는 상황이었는데 정작 팀장인 내가 문외한인 영역이라 난감해하고 있던 참이었다. 선배 중 한 명이 정확히 이렇게 이야기했다.

"도움이 되어주고 싶은데, 내가 어떻게 도우면 좋을까?"

'도와줄 거 있으면 말해'에 딸려오는 대답이 '네, 감사합니다'였다면 '내가 어떻게 도울 수 있을까?'란 질문엔 그 '어떻게'를 구체적으로 대답할 수 있다. 결국 발 넓은 선배에게 외부 전문가를 소개받았고, 그 문제는 원만하게 해결했다.

시간이 좀 지나 그 선배에게 그 질문이 참 고마웠다는 이야기를 했다. 그러자 이런 답이 돌아왔다.

"어 그래? 나도 그거 배운 건데."

스토리가 있었다. 팀원과의 관계가 고민이었던 그 선배는 당시 대화와 관련된 책을 쌓아놓고 주야장천 읽기 시작했고 거기서 마법의 한 줄을 찾아냈다고 했다.

"그 책에서 이렇게 물어보라고 하더라고. '저는 당신에게 좋은 팀장이 되고 싶은데, 그러려면 뭘 해 볼 수 있을까요?' 그래서 그때 너한테도 그렇게 물어봤던 거야. 도움이 되고 싶은데 어떻게 도우면 좋을지."

바로 이것이다. '도와줄 거 있으면 말해'보다 더욱 강력하고 든든한 힘이 되는 한마디, '내가 어떻게 도와주면 될까?'

팀장은 언제든 팀원에게 이 질문을 던질 준비를 하고 있어야 한다.

평가자가 아닌
조력자가 되겠다는 의미

블라인드에 이런 글이 올라온 적이 있다. 한 스타트업의 팀장이 남긴 글이었는데 일명 '젊꼰(젊은 꼰대의 줄임말)' 논란을 불러일으켰다. 요약하면 이렇다. (현실감을 나타내기 위해 비속어도 그대로 적어 본다)

'팀원이 일을 진짜 못하는데 피드백을 원해서 '잘하고 있다'고 한 다음 평가로 깠다. 근데 그걸 알게 된 팀원이 반발하니 속상하다. 내가 틀린 말 했냐.'

사실 나는 글쓴이에게 어느 정도 공감을 했다. 잘못한 것을 잘못했다고 평가한 것이 무슨 잘못이냐는 글쓴이의 격양된 감정에 '그럴 만도 하지' 싶기도 하다. 하지만 댓글을 보며 아차 싶었다. 그중 압권은 이것이다.

고민 끝에 말썽쟁이 직원을 자르기로 했습니다

한 직원이 기한 내 업무를 다 끝내지 못 했습니다. 기한은 직원 본인이 정한겁니다.

면담을 했어요. 많이 걱정하는 눈치였습니다. 그래서 괜찮다 신경 쓰지 말라 했습니다. 물론 평가 문서에는 최하점을 주고, 기타 항목엔 최하점도 아까운 사원이란 평가를 남겼어요.

근데 이 분이 평가를 알게 된 뒤 배신감을 느낀다는 둥 뒷 이야기를 많이 했습니다. 제 귀에도 들어왔구요.

관리자도 슬슬 MZ화되는 것 같이 느껴짐
니가 못해도 나는 상관없음
하지만 업무평가는 최하 줄거임
이 마인드라면 관리자로서 문제가 있는겁니다
관리자답게 관리를 하세요

스타트업 · pppokkoj *
그게 왜 문제가 있는거예요?
외교부 · illılılı
관리자랑 평가자의 차이가 뭘지 생각해봐
04.02 · 👍 좋아요 49

외교부 · illılılı
업무 진행상황을 체크하고, 필요시 적절한 가이드라인을 주고, 직원의 퍼포먼스에 대해서 적절한 피드백을 주는 등 관리 행위를 통해서 결과적으로 직원의 업무 역량을 향상시키는 것도 관리자의 역할이야. 일은 니가 알아서 하고 나는 평가(+가지치기)만 한다 이게 관리자가 아니라.
04.02 · 👍 좋아요 228

'팀장은 관리자이지 평가자가 아닙니다.'

팀장의 평가는 목적이 아니라 수단이다. 좀 더 잘 할 수 있게 돕고 정당한 보상을 하기 위한 수단이지 결코 목표나 무기가 될 수 없다. 댓글은 그 이야기를 하고 있었다. 부끄럽게도 강 건너 팀원 구경을 하고, '어디 얼마나 잘하나 두고 보자'라는 마인드를 나 역시 갖고 있었다. 하지만 팀장은 이렇게 감정적으로 다가가면 안 된다. 팀원에게 기대하는 바를 명확히 하고, 이를 달성할 수 있게 돕는 것이 팀장의 사명이다. 이때 던질 수 있는 질문이 바로 이것이었다.

"제가 어떤 도움을 줄 수 있을까요?"

이 질문은 팀장이 나의 평가자가 아닌 조력자라는 믿음을 준다.

리더가 취약할 때 팀원도 손을 내민다

외부 리더 교육을 가면 몰입을 유도하기 위해 초성 퀴즈를 내곤 한다. 그 과정에서 기가 막힌 오답이 나오기도 하는데 그날이 그랬다. 내가 냈던 퀴즈는 이것이다.

"저는 팀원들이 팀장에게 자신의 부족한 점을 털어놓고 리더에게 도움을 청하는 것이 아주 중요하다고 생각합니다. 리더의 일이 팀원들 앞에 놓인 돌부리를 치워주는 일이기 때문이죠. 자, 퀴즈 나갑니다. 팀원들이 리더에게 조언과 도움을 청하게끔 만드는 데 중요한 게 있습니다. ㅂ ㅈ한 팀장. 여기서 'ㅂ ㅈ'은 무엇일까요?"

여기저기서 같은 답이 튀어나왔다.

"정답! 발작! 발작한 팀장"

모두가 배꼽을 잡고 웃었다. 나도 마이크를 들고 한참을 웃다가

간신히 정신을 부여잡고 이유를 물었다.

"가만있으면 팀원들이 말을 안 하잖아요. 발작해서라도 얼른 '고민거리를 내 놔라, 도움을 청해라' 해야 하지 않겠습니까?"

덕분에 현장 분위기는 매우 좋아졌지만 아쉽게도 답을 비껴갔다. 정답은 이것이다.

'부족한 팀장'

왜 부족한 팀장이 팀원들의 요청을 쉽게 받을 수 있게끔 만들어 줄까? 나는 이를 팀장이었던 A를 통해 알게 되었다. 그는 자신의 고민과 부족한 점을 자주 이야기했다.

"저는 다른 이들의 의견에 쉽게 흔들리는 경향이 있습니다."

"저는 답정너라는 이야기를 종종 듣습니다."

"저는 성격이 급해서 가끔 섣부른 판단을 하기도 합니다."

이어서 조언과 도움을 청했다.

"수용성이 높다고 생각하면 마음이 편하지만 그래도 지나치지 않게끔 경계하고자 합니다. 지나칠 땐 꼭 제게 말씀해 주세요."

그가 자신의 부족한 점을 가장 많이 이야기한 것은 팀원들에게였는데, 시간이 쌓이자 신기한 일이 벌어졌다. 그의 팀원들도 그처럼 주변에 도움을 청하기 시작한 것이다.

생각해 보면 자신의 부족한 점을 털어놓고 도움을 청하는 것이 꺼려지는 데에는 이유가 있다. 내가 '일을 못하는 사람'으로 평가받을 것이라는 두려움, 낙인찍힐 것이라는 불안이 있기 때문이다. 하지만 '부족한 자신'을 민망해하지 않고 스스럼없이 공유한 팀장 A를 보며 팀원들의 생각은 이렇게 바뀌었을 것이다.

'팀장님도 저렇게 부족한 모습이 있고, 도움을 청하니 나도 해도 될 것 같은데?'

그때 깨달았다. 팀원들을 용기 있게 만드는 것은 '부족'한 팀장이다. 엄밀히 말해 자신의 부족함을 용기 있게 꺼내놓을 수 있는 팀장이다. 지금 당장은 부족하지만 앞으로 더 나아질 수 있다는 겸손한 자신감을 가진 팀장 말이다.

팀원의 단점에서
조력 포인트 찾아보기

앞서 두 번째 질문에서 팀원의 강점과 성과를 내는 패턴에 대해 질문했다. 이 과정에서 참고할 수 있는 8가지 강점 분류를 제시했고, 그 밑에 떠오르는 팀원들을 적어봤다.

팀원들이 성과를 내고 문제를 해결하는 패턴 = 강점	
	성과를 내는 패턴
추진	목표를 달성하기 위해 주도적으로 일을 추진한다
완성	집중하여 일을 완벽하게 마무리한다
조정	복잡한 일을 정돈하여 계획적으로 수행한다
평가	논리적으로 상황을 판단하여 객관적으로 진단한다
탐구	깊이 생각하고 의미와 대안을 찾아낸다
창조	상상력을 발휘하여 새로운 것을 제안한다
동기부여	다른 사람을 독려하여 팀을 움직인다
외교	외부 자원이나 소통으로 문제를 쉽게 풀어간다

'A는 이게 강점이지', '맞어. B는 이렇게 일했을 때 성과가 잘 나지.' 추임새를 넣으며 팀원들의 강점을 매칭해 봤을 것이다. 그 과정에서 혹시 8개 강점에 '모두' 등장한 팀원이 있었는가? 그렇지 않았을 것이다. 단언컨대 8개 강점을 '모두' 가진 사람은 존재하지 않는다. 일을 잘 한다고 정평이 난 팀원도 어떤 항목에선 '이 친구 이건 좀 약하지' 싶은 게 있다. 바로 이것이 단점인데, 여기서 팀장의 조력 포인트에 대한 힌트를 찾을 수 있다. 조직에서는 각자 잘하는 방식으로만 일을 할 수는 없다. 잘 하지 못하는 영역에서도 책임과 의무를 다해야 할 때가 있다. 쉽게 말해 작은 바퀴를 굴려야 하는 상황도 반드시 있는 것이다. 그때 그 작은 바퀴를 굴리는 팀원을 도와야 하는 게 팀장이다. 질문을 통해 그 조력 포인트를 이끌어낼 수도 있지만 정작 팀원 본인도 자신의 장단점을 제대로 인지하지 못하고 있을 수도 있다. 그때는 두 번째 질문을 던지며 팀원의 장점뿐 아니라 단점에 대한 힌트도 얻어놓자. 예를 들어 이런 해석이 가능하다.

A는 '추진'은 자신있다고 답했지만 '평가'는 콤플렉스라고 표현했다. 그렇다면 팀장이 A에게 조력해 줄 포인트는 그가 갖지 못한 강점, 즉 단점이 되는 '평가'다.

좀처럼 예리하게 개선포인트를 캐치하지 못하는 팀원을 위해 팀장은 무엇을 할 수 있을까? 이 또한 천차만별이겠지만 만약 내 상황이라면 나는 평가 강점이 높은 동료를 한 명 매칭해 줄 것 같다. '이런 게 문제였구나'라고 깨달으며 조금씩 예리한 관점을 갖게 될 수 있게끔 말이다.

B는 창조적인 아이디어를 내놓지만 이것이 '완성도' 있는 결과물로는 이어지지 않는다. 정리하면 '창조'에 강점이 있지만 '완성'은 그가 갖지 못한 강점, 즉 단점이며, 팀장의 조력 포인트는 '완성'에 있을 수 있다. 그렇다면 팀장이 할 수 있는 일은 중간 점검이다. 막바지에 점검하면 분명 낮은 완성도로 마무리될 가능성이 높다. 완성도를 끌어올릴 시간을 마련하기 위해 중간 점검 프로세스를 만드는 것이 도움이 된다.

C는 '외교'왕이라 불릴 정도로 대인관계가 좋지만 스케줄을 체계적으로 조정하지 못해서 잦은 문제를 일으킨다.

팀장의 조력 포인트는 '조정'에 있을 수 있다. 나라면 공유 캘린더로 함께 일정을 관리해 볼 것 같다. 중요한 일정은 미리 노티를 할 수도 있고 다른 팀과의 협업에도 문제가 생기지 않게 막을 수 있게끔 말이다.

여기까지 읽었다면 아마 이런 생각을 할 수도 있다.

'예리한 동료를 붙여주면 팀장이 감시한다고 할 텐데요?'

'중간 중간에 피드백하자고 하면 팀장이 못 믿는다고 할 텐데요?'

'공유 캘린더로 업무 관리하자고 하면 선 넘는다고 할 텐데요?'

팀장에게 명확한 가이드를 요구하면서 마이크로매니징에는 발끈하는 시대다. 하지만 많은 이들이 공감할 것이다. 둘은 같은 말이다. 문제가 발생하지 않게 꼼꼼하게 관리하는 팀장의 행동을 누군가는 '마이크로매니징'이라 하고 누군가는 '명확한 가이드'라 일컫는다. 나는 이 둘의 차이는 켜켜이 쌓여 있는 팀장과의 신뢰 관계가 좌우한다고 생각한다. 나의 성장을 진심으로 바라왔던 팀장이 말하면 '가이드'이고, 조력이 아닌 평가만 하려는 팀장이 말하면 '마이크로매니징'이다. 전자의 팀장이 되는 방법 중 내가 아는 가장 효율적인 방법은 바로 '질문'이다.

CHAPTER 7

팀장이 질문할수록
팀은 안전해진다

팀장으로서 당신은 어떤 브랜드인가?

얼마 전 브랜딩 교육을 받았을 때 강사가 '브랜드가 무엇인지 아느냐'고 물었다. 속으로 '브랜드? 나이키나 스타벅스 이야기하는 건가?'라는 시시껄렁한 답변을 늘어놓으며 사전을 찾아봤다. (솔직히 말하면 혹시라도 지목해서 시킬까봐 미리 답을 찾아보자는 심산이었다) 사전에는 이렇게 쓰여 있었다.

* [브랜드] 사전적 정의 : 사업자가 자기 상품에 대하여, 경쟁업체의 것과 구별하기 위하여 사용하는 기호·문자·도형 따위의 일정한 표지

강사는 브랜드는 3단계로 만들어진다고 말했다.

"일단 (1)반복해서 말하고 행동해요. 그리고 (2)상대가 그것을 평가하고, (3)자신의 행동을 바꿔요. 이것이 브랜드이고, 곧 나이키와 스타벅스가 수십 년간 해온 것입니다."

모든 것이 브랜드가 되는 세상이다. 기업과 상품, 사람도 마찬가지다. '팀장'이라고 예외는 아니다. 팀장으로서 당신은 어떤 브랜드인지 묻고 싶다.

당신은 무엇을 반복해서 말하고 행동하는지
당신의 상대, 즉 팀원은 그것을 어떻게 평가하는지
그리고 그 팀원은 당신으로 인해 무엇을 바꾸었는지

팀장을 달고 산 지 4년이 지났다. 그 간 '이윤경 팀장'이란 브랜드를 돌아보고 싶어 팀원들에게 물었다. 내가 반복해서 행하고 말한 것이 무엇이었을지 궁금했다.

H : "팀장님은 좋아한다는 말을 많이해요! 특히 어떤 사람(대상)에 대해서요. 좋아하고 아끼고 사랑해서 그 사람을 행동하게 하는 말을 많이 하는 것 같아요."

S : "팀장님은 늘 이렇게 말씀하시죠. '우리는 모두를 만족시킬 수 없어요. 하지만 누군가는 만족시킬 수 있어요.'라고요."

B : "팀장님은 진심으로 고민해 줬던 것 같아요. 고민을 이야기한 다음 날, '다시 생각해 보니…'라고 그 화두를 꺼내셨거든요."

K : "팀장님은 구성원들의 부탁은 거절하지 않아요. '한번 고민은 해 볼게요.'가 아니라 '좋아요. 일단 함께 해보죠.'가 항상 먼저 나오는 사람이에요. 아, 이것도 있어요. '저도 잘하는 거 찾기까지 10년 걸렸어요.'란 말씀도 자주 하세요. 그 말을 들으면 저도 꿈이 생겨요."

E : "'아, 이것으로 오늘의 N 번째 자기반성' 이런 말씀을 많이 하세요. 저는 정말 처음 봤거든요. 이렇게 반성을 많이 하는 팀장님을요."

D : "가르치지 않고 보여주려 하시는 것 같아요. '너희는 이렇게 해야 해, 변해야 해!'라고 하는 리더가 아닌, 그 모습을 먼저 보여주려 노력하시는 게 보여요."

이것이 내가 이 책에서 던진 첫 번째 질문의 빈칸이었다. 그리고 내가 이 조직을 떠나는 마지막 날 듣고 싶었던 말들이었다. 잘하고 있다는 확신은 없었지만 지난 3년간 부단히 노력했고, 그 노력이 쌓여 이렇게 멋진 답변으로 돌아왔다.

이 글을 읽고 있는 당신은 어떠한가. 당신은 어떤 말과 행동을 반복하고 있는 리더일까. 당신의 팀원들은 그로 인해 어떤 변화를 겪고 있을까.

물으면 알게 되고
알게 되면 좋아진다

나는 본디 호불호가 지나치게 명확한 사람이다. 그래서 '질문'이 처음엔 어려웠다. 질문 자체가 어색했고, 가식 같았다. 분명 내 안에는 이미 답이 정해져 있는데 이게 무슨 의미가 있을까 싶기도 했다. 대충 고개만 끄덕이면서 노트북으로 눈앞에 닥친 업무를 하고 싶은 충동도 들었다. 그런데 억지로라도, 혹은 가식적으로라도 반년쯤 꾸준히 팀원들과 1 on 1을 하며 신기한 경험을 했다.

시간이 지날수록 팀원들의 이야기가 재밌었고, 궁금한 것이 많아져 질문은 계속해서 꼬리를 물었다. 질문이 많아질수록 팀원들에게 더 많은 관심이 쏟아졌고 그들이 좋아졌다. 이게 무슨 일일까 어리둥절했다. 아마도 미처 몰랐던 그들의 이야기를 듣게 되어서 그랬던 것 같다. 지레짐작하던 오해의 실타래가 질문을 통해 하나둘씩 풀리니 우리 사이에 놓였던 장벽이 사라지는 듯했다. 많은 것을 알게 되자 많은 것이 이해되었고, 많은 것을 공유하고 싶어졌다.

그 후 어느 인터뷰에서 좋은 팀장이 되는 비결에 대해 질문을 받은 적이 있다. 스스로 좋은 팀장이라고 생각하지도 않았고, 한마디로 정의될 수 있는 비결이란 게 있을 것 같지도 않았다. 하지만 카메라는 돌아가고 있으니 뭐라도 대답해야겠기에 머릿속에 떠오르는 아무 말이나 했다.

"흠, 그냥 그 팀원을 좋아하면 되는 것 같아요."

카메라도 꺼졌고 취재진이 돌아간지 한참이 되었는데 자꾸 내 대답이 머릿속을 맴돌았다. 무의식을 뚫고 튀어나온 그 말이 진심이다.

질문을 하게 되면 상대에 대해 알게 된다.
알게 되면 좋아하게 된다.
좋아하게 되면 진심으로 위하게 된다.
진심으로 위하면 내 시간을 기꺼이 내어주게 된다.
내 시간을 내어줄 수 있으니 더 많은 질문을 할 수 있다.

질문하는 팀장이 쏘아올린 결코 작지 않은 공이다.

'사람이 목적이고 이익은 수단'이라는 꽤 괜찮은 꿈

〈대학내일〉에 입사해서 14년을 꽉 채워 일했다. 가끔 마음이 복잡하거나 고민이 생기면 앞서 소개한 것처럼 '퇴사 메일'을 써보곤 한다. 이 조직을 떠나게 되는 날, 나는 나의 동료들에게 어떤 말을 남기게 될까? 대개 메모장에 커서만 한참을 깜빡인 채 아무 말도 적지 못했다. 그러다 얼마 전 간신히 한 줄을 썼다.

"이곳에서 일할 수 있었던 것은 명백한 행운이었습니다. 고맙습니다."

〈대학내일〉 입사자들에게 가장 먼저 전달되는 한 줄이 있다.

'자기다움으로 지극히 정진하여 아름다운 꽃을 피우시기 바랍

니다.'

공익광고 문구 같은 이 한 줄은 특별하다. 허울 좋은 슬로건이
아니라 진짜 살아 있기 때문이다. 나는 이곳에서 수단이 아니라 목
적이다. 그래서 나의 많은 리더들은 지시하는 대신 질문을 던졌다.
나도 그들을 따라 했고, 이제는 나의 팀원들이 나를 따라 한다. 내
게 목표를 묻고, 나의 강점을 이야기한다. 내 아킬레스건을 보호하
려 무진 애를 쓴다.

물론 처음부터 그랬던 건 아니다. 변화의 단초는 앞서 언급하기
도 했던 뼈아픈 피드백이었다.

"팀장님이랑 일하면 숨이 막혀요."

그렇게 테트리스 하듯 시간을 쪼개 쓰던 내가 팀원들과의 대화
를 우선순위에 올리기 시작했다. 답이 있다고 생각했지만 그래도
묻고, 들었다. 그리고 얼마 전, 익명의 피드백을 받았다.

"음, '사람은 변하지 않는다'라는 말이 있잖아요. 팀장님한테는
그게 깨졌습니다. 정말 많이 변하셨고, 그러기 위해 얼마나 노력하
셨을까 하는 생각이 듭니다. 팀장님이 노력하시는 모습을 보면서

더 열심히 해야겠다는 생각이 드는 한 해였어요. 올 한 해도 정말 고생 많으셨고 팀장님은 잘하시니 이제 제가 잘해보겠습니다!"

이 책을 읽으며 한숨을 꽤 쉬었을 듯 하다. 혹 그 한숨이 질문하지 않고 지시하며 일해온, 다정이 아닌 단정하며 일해온 스스로에 대한 자책이라면 당신은 겸손한 사람이다. 겸손하다는 것은 지금이 나의 끝이 아니라고 믿는 것이다. 그래서 더 나아질 수 있다고 믿고, 아프더라도 어제와 다른 오늘을 살려는 것이다. 당신이 이 책의 마지막 페이지까지 온 것은 그래서다.

우리는 더 좋은 팀장이 될 수 있다.

팀장인 우리도
나답게 일하고 싶다

눈치챈 분도 있을지 모르겠다. 이 책은 팀원을 잘 관리하기 위한 책이 아니다. 팀원 케어를 고민하다 집어 들었을지언정, 팀장 자신을 위해 읽어 내려주십사 이 책을 썼다. 나답게 일하고 싶은 건 팀장도 마찬가지이기 때문이다. X세대 팀장도 나답게 일하고 싶은 마음은 Z세대 못지 않다. 다만 예전엔 그런 것까지 바라면 안된다고 여겼지만, 지금은 이런 것들은 당연한 일이 되었다. 나는 경험해 보지 못한 그런 환경을 나의 팀원들에게 만들어 줘야 하는 미션이 지금의 팀장에게 주어졌다. 문제는 우리 중 누구도 그 방법을 배운 적이 없다는 점이다. 대개 헌신하며 일했고, 지시한 것은 어떻게든 해냈는데 이제는 그렇게 하면 팀원들이 떠나는 세상이 됐다. 그러니 볼멘소리가 나올 수밖에 없다.

하지만 다행스러운 소식이 있다. 더 이상 그 고민은 리더 개개인의 몫만이 아니다. 많은 기업들이 직원들에게 '자기다움'을 묻기 시작했다. 직원들을 몰입시키고, 머물게 하기 위해 개개인에게 질문을 하기 시작한 것이다.

〈당근마켓〉 조직문화의 핵심은 "뛰어난 인재라면 어떤 환경을 좋아할까?"라는 질문에서 기인한다. 〈우아한 형제들〉 사내 행사엔 'E를 위한 포토존'과 'I를 위한 칵테일존'이 공존한다. 내가 일하고 있는 〈대학내일〉도 구성원 개개인의 성향과 지향을 존중하기 위해 노력하고 있다. 〈대학내일에 보내는 편지〉가 대표적인 사례다. 구성원 (대학내일에선 '직원'이 아닌 '구성원'이라 칭한다) 누구나 익명으로 의견을 개진할 수 있다. 대표이사는 이 편지에 대한 답변을 해야 할 의무를 가진다. 당연히 그 답변은 구성원 모두에게 공개된다. 사내 복지에서부터 근무 환경에 대한 의견까지 편지의 내용은 다양하다. 인상적인 것은 답변의 마무리 멘트였다. 대표이사의 답변 말미엔 늘 이런 문구가 따라붙는다.

'어떤 이야기를 꺼내도 불이익 받지 않을 것이란 믿음을 모든 구성원들이 가질 수 있길 바랍니다.'

장담컨대 이 순간들은 켜켜이 쌓여 구성원들을 몰입하고 만족하게 만들 것이다. 그리고 이는 조직의 지속가능성과 직결된다.

스위스 국제경영대학원 IMD 로사 전 Rosa Chun 교수가 이를 증명하는 연구를 했다. 그의 이론은 이렇다.

흔히 재무성과가 좋고 외부 평판이 높으면 미래 가치가 높다고 착각한다. 하지만 그런 기업 중 갑자기 망하는 회사가 있다. 평판 순위에서 수년 연속 1위를 했던 엔론 Enron 이 대표적 사례다. 외부 평판에는 일하는 이들이 생각하는 '내부 평판'이 포함되어 있지 않기 때문이다. 이것이 바로 외부 평판과 내부 평판의 차이인 레퓨테이션 갭 reputation gap 이다. 10년간 연구한 결과, 이 레퓨테이션 갭이 작을 때는 특별한 매출 변화가 없었다. 하지만 내부 평판이 외부 평판에 비해 현저히 높을 때는 매출 성장 폭이 굉장히 높았다. 반대로 외부 평판이 내부 평판에 비해 높은 경우에는 매출이 꾸준히 하락했다. 결국 그 기업의 미래 가치를 판단할 때 직원들이 그 회사를 어떻게 생각하는지는 굉장히 중요한 기준이 된다.

나는 이것이 비단 '조직'에만 국한되는 문제는 아니라고 생각한다. 팀도, 팀장도 마찬가지다. 당신의 팀이 앞으로 어떻게 될지를 알려주는 지표는 월요일 아침 팀원들의 표정이다. 팀장인 당신의 5년 후, 10년 후 거취를 예언하고 있는 것이 당신을 바라보는 팀원들의 눈빛이다.

이제는 팀원이 팀장의 고객인 시대다. 이 조직에서 '영원히'가 아니라 '나답게' 일하길 원하는 그들에게 던져야 하는 '질문'은 더 이상 선택이 아닌 시대의 흐름이다. 당신의 질문에 건투를 빈다.

보내고
싶지 않아
질문
합니다

초판 1쇄 인쇄 2024년 2월 23일
초판 1쇄 발행 2024년 2월 29일

지은이 이윤경

기획 이유림
편집 정아영
마케팅 총괄 임동건
마케팅 안보라
경영지원 임정혁, 이순미

펴낸이 최익성
펴낸곳 플랜비디자인

디자인 빅웨이브

출판등록 제2016-000001호
주소 경기도 화성시 동탄첨단산업1로 27 동탄IX타워 A동 3210호

전화 031-8050-0508
팩스 02-2179-8994
이메일 planbdesigncompany@gmail.com

ISBN 979-11-6832-096-3 (03320)